AF390135

LIBRAIRIE

RELIGIEUSE, CLASSIQUE ET D'ÉDUCATION

DE LA MAISON

ALFRED MAME ET FILS

A TOURS

(INDRE-ET-LOIRE)

SOCIÉTÉ ANONYME AU CAPITAL DE 6 200 000 FR.

CATALOGUE GÉNÉRAL

SPÉCIAL POUR LES LIBRAIRES

JANVIER 1900

TOURS

IMPRIMERIE A. MAME ET FILS

CONDITIONS DE VENTE

PAYEMENT

à 30 jours de l'expédition

MM. les Libraires avec lesquels nous ne sommes pas en relation et qui n'auront pas fourni, en adressant leurs demandes, les renseignements d'usage sur leur solvabilité, payeront contre remboursement sur présentation de la lettre de voiture.

Il ne sera pas ouvert de compte pour *une première affaire* n'atteignant pas 25 francs; au-dessous de cette somme, le montant de la première commande devra être envoyé *à l'avance* en un mandat sur la poste et par lettre affranchie.

Les conditions du présent Catalogue sont applicables du jour de la réception; elles annulent celles des Catalogues précédents.

Toute demande par douzaine d'un même ouvrage, à l'exception de la liturgie et des classiques, donne droit au treizième en feuilles; la brochure, le cartonnage ou la reliure du treizième est payé par le demandeur.

Il n'est pas accordé de treizième par réassortiment, c'est-à-dire une douzaine de volumes prise en plusieurs fois.

Les paroissiens et livres de piété hors série, pris par cent, sont livrés aux prix nets fixés pour ce nombre, et sans treizièmes.

Nous ne fournissons que les reliures annoncées sur notre Catalogue.

Si, à la réception d'une demande, un ou plusieurs des articles demandés se trouvent épuisés ou manquent momentanément, l'absence de ces articles ne pourra jamais motiver de la part du demandeur le refus de l'expédition ni une indemnité pour les frais de port.

Nous donnons avis de traite en même temps que d'expédition. Tout compte sera fermé au correspondant qui aura refusé, sans motif valable, le payement d'une de nos traites.

Nos mandats sont sur papier timbré, *et sans l'indication de* RETOUR SANS FRAIS, afin d'éviter la non-présentation.

Tous nos livres, à l'exception de ceux en feuilles et des classiques, sont emballés dans des caisses aux frais du destinataire.

Nous n'acceptons à aucun prix le retour des caisses vides.

Voir à la 3ᵉ page de la couverture la suite des conditions de vente.

MAISON ALFRED MAME ET FILS, A TOURS

JANVIER 1900

TABLEAU

DES REMISES ACCORDÉES A MM. LES LIBRAIRES

SUR LES LIVRES DE DISTRIBUTIONS DE PRIX

BIBLIOTHÈQUE ILLUSTRÉE

Petit in-folio, 1re série. — 6 VOLUMES (500 pages)

	Prix du Catalogue		Net avec 13e	
Broché	12	»	7	20
Percaline, plaques spéciales, tranche dorée	15	»	9	»
Demi-reliure, dos en chagrin rouge, tr. dorée	19	»	11	40
Demi-reliure d'amateur, dos et coins maroquin, tête dorée	27	»	16	20

Petit in-folio, 2e série. — 5 VOLUMES (320 pages)

Broché, couverture en couleurs	7	»	4	20
Percaline gaufrée, dorure sur plat tranche dorée	9	»	5	40

In-4°, 1re série. — 26 VOLUMES (400 pages)

Broché, couverture imprimée	5	50	3	30
Broché, couverture chromo	5	75	3	45
Percaline gaufrée, dorure sur plat, tr. dorée	8	50	5	10
Demi-reliure chagrin, tr. dorée	10	»	6	»

In-4°, 2e série. — 23 VOLUMES (288 pages)

Broché, couverture imprimée	3	35	2	»
Broché, couverture chromo	3	50	2	10
Riche cartonnage, imitation de toile, tr. dorée	4	60	2	76
Percaline, riches ornements, tr. dorée	6	20	3	70

In-4°, 3e série. — 10 VOLUMES (240 pages)

Broché	3	»	1	80
Broché, couverture chromo	3	20	1	92
Riche cartonnage, imitation de toile, tr. dorée	4	»	2	40
Percaline gaufrée, ornem. or et noir, tr. dorée	5	»	3	»

Nos prix nets donnent à MM. les Libraires une remise de 40 %
plus le treizième et 5 % d'escompte.

BIBLIOTHÈQUE DES FAMILLES

ET DES MAISONS D'ÉDUCATION

Grand in-8°, 1re série.   43 VOLUMES (368 pages).

	Prix du Catalog.	Net avec 13°
Broché, couverture en couleurs	2 50	1 50
Riche cartonnage, imit. de toile, tr. jaspée. .	3 »	1 80
Riche cartonnage, imit. de toile, tr. dorée. .	3 40	2 04
Percaline, riches ornem., tr. dorée	4 »	2 40
Demi-reliure chagrin, tranche dorée. . . .	6 50	3 85

Grand in-8° carré.   8 VOLUMES (304 pages)

Broché, couverture en couleurs	2 »	1 20
Riche cartonnage, imitation de toile, tr. jaspée.	2 50	1 50
Riche cartonnage, imitation de toile, tr. dorée.	2 90	1 74
Percaline gaufrée, riches ornements, tr. dorée.	3 50	2 10

Grand in-8°, 2e série.   52 VOLUMES (240 pages)

Broché, couverture en couleurs	1 50	» 90
Riche cartonnage, imit. de toile, tr. jaspée .	2 »	1 20
Riche cartonnage, imit. de toile, tr. dorée. .	2 40	1 44
Percaline gaufrée, tr. dorée.	3 »	1 80

Grand in-8°, 3e série.   45 VOLUMES (160 pages)

Broché, couverture en couleurs	1 15	» 69
Riche cartonnage, imit. de toile, tr. jaspée. .	1 50	» 90
Riche cartonnage, imit. de toile, tr. dorée. .	1 70	1 02

Grand in-8°, 4e série.   20 VOLUMES (144 pages)

Broché.	» 95	» 57
Riche cartonnage, imit. de toile, tr. jaspée. .	1 25	» 75
Riche cartonnage, imit. de toile, tr. dorée. .	1 45	» 87

BIBLIOTHÈQUE

DE LA JEUNESSE CHRÉTIENNE

Grand in-8°, classes supérieures.   16 VOLUMES (368 pages)

Broché.	3 50	2 10
Percaline, reliure de bibliothèque, tr. jaspée .	5 »	3 »

In-8°, 2e série.   47 VOLUMES (240 pages)

Broché, couverture en couleurs.	1 »	» 60
Riche cartonnage, imit. de toile, tr. jaspée. .	1 35	» 81
Riche cartonnage, imit. de toile, tr. dorée. .	1 60	» 96
Percaline, dorure sur plat, tranche dorée . .	2 20	1 32

In-8°, 3e série.   41 VOLUMES (192 pages)

Broché, couverture en couleurs.	» 75	» 45
Riche cartonnage, imit. de toile, tr. jaspée. .	1 »	» 60
Riche cartonnage, imit. de toile, tr. dorée. .	1 25	» 75

In-8°, 4e série. 36 VOLUMES (168 pages)

	Prix du Catalog.	Net avec 13e
Broché.	» 65	» 39
Riche cartonnage, imit. de toile, tr. jaspée. .	» 80	» 48
Riche cartonnage, imit. de toile, tr. dorée. .	1 05	» 63

Petit in-8°, 1re série. 35 VOLUMES (144 pages)

Broché.	» 50	» 30
Riche cartonn., chromo avec reliefs, tr. blanche.	» 65	» 39
Riche cartonnage, imit. de toile, tr. jaspée. .	» 65	» 39
Riche cartonnage, imit. de toile, tr. dorée. .	» 90	» 54

Petit in-8°, 2e série. 34 VOLUMES (96 pages)

Riche cart., chromo avec reliefs, tr. blanche.	» 50	» 30
Riche cart., imit. de toile, or et noir, tr. jaspée.	» 50	» 30

Nouvelle collection petit in-8°, 3e série. 9 VOLUMES (96 pages)

Riche cart., imit. de toile, or et noir, tr. jaspée.	» 50	» 30

In-12, 1re et 2e série. 15 VOLUMES (288 pages)

Broché.	1 »	» 60
Riche cartonnage, imitation de toile, tr. jaspée.	1 20	» 70
Percaline gaufrée, dorure sur plat, tr. jaspée.	1 50	» 90
Percaline gaufrée, riche écusson, tr. dorée. .	1 85	1 10

In-12, 3e série. 41 VOLUMES (144 pages)

Broché.	» 35	» 21
Riche cartonnage, imit. de toile, tr. jaspée. .	» 45	» 27
Riche cartonnage, imit. de toile, tr. dorée . .	» 60	» 36

In-12, 4e série. 34 VOLUMES (144 pages)

Broché.	» 35	» 21
Riche cart., chromo avec reliefs, tr. blanche. .	» 45	» 27
Riche cartonnage, imit. de toile, tr. jaspée. .	» 45	» 27
Riche cartonnage, imit. de toile, tr. dorée. .	» 60	» 36

In-12, 5e série. 49 VOLUMES (108 pages)

Broché.	» 25	» 15
Riche cartonnage, chromo, tranche blanche.	» 40	» 24
Riche cart., imitation de toile, tranche jaspée.	» 40	» 24

In-12, 6e série, pour le jeune âge. 34 VOLUMES (72 pages)

Cartonnage, imitation de toile, tr. jaspée. . .	» 30	» 18

Petit in-12. 32 VOLUMES (72 pages)

Riche cart., chromo, tr. blanche.	» 25	15 »
Riche cart., imit. de toile, tr. jaspée. . . .	» 25	15 »

In-18. 30 VOLUMES (72 pages)

Riche cart., chromo, tr. blanche.	» 22	13 20
Riche cart., imit. de toile, or et noir, tr. jaspée.	» 22	13 20

BIBLIOTHÈQUE
DE L'ENFANCE CHRÉTIENNE
ENCOURAGEMENT ET RÉCOMPENSES

50 VOLUMES

Piqué-rogné, la collection . . . . 3 »
       le cent, *net* . . . . 4 »

BIBLIOTHÈQUE DES PETITS ENFANTS

In-32 jésus 1ʳᵉ série.   30 VOLUMES (64 pages)

	Prix du Catalog.	Net avec 13
Riche cartonnage, chromo	» 20	» 11
Riche cartonnage, imit. toile.	» 20	» 11

In-32 carré, 2ᵉ série.   20 VOLUMES (64 pages)

| Riche cartonnage, chromo. . . . . . . | » 15 | » 09 |
| Riche cartonnage, imit. toile. . . . . . . | » 15 | » 09 |

BIBLIOTHÈQUE PIEUSE

Grand in-32, 1ʳᵉ série   29 VOLUMES

Broché, couverture imprimée.	» 45	» 20
Imitation basane noire, tranche rouge. . . .	» 60	» 30
Percaline gaufrée, tranche rouge	» 65	» 35
Reliure anglaise, basane gaufrée à froid, tranche marbrée.	» 75	» 45
Reliure anglaise, basane, ornements à froid, tranche dorée.	1 »	» 60
Basane grenat, reliefs, tranche dorée. . . .	1 10	» 65
Chagrin gaufré à froid, tranche dorée. . . .	1 90	1 15

Petit in-32, 2ᵉ série   10 VOLUMES

Imitation basane, tranche rouge.	» 45	» 20
Reliure anglaise, basane gaufrée à froid, tranche marbrée.	» 50	» 30
Reliure anglaise, basane, ornements à froid, tranche dorée.	» 75	» 45

BIBLIOTHÈQUE DES ENFANTS PIEUX
50 VIES DE SAINTS ET DE SAINTES

Piqué-rogné, la collection. . . . . 3 »
      le cent, *net*. . . . . 4 »

29130. — Tours, impr. MAME.

MAISON ALFRED MAME ET FILS

A TOURS

LIVRES POUR DISTRIBUTIONS DE PRIX

1900

NOUVELLES PUBLICATIONS

—— ⊢✳⊣ ——

LIVRES ILLUSTRÉS POUR LA JEUNESSE

BIBLIOTHÈQUE ILLUSTRÉE

SÉRIE PETIT IN-FOLIO — 2ᵉ SÉRIE

PAGE 18 DU CATALOGUE — 2 VOLUMES NOUVEAUX

Les Maréchaux de Napoléon, par Gérard de Beauregard ; 63 gravures d'après les tableaux du musée de Versailles et les documents du temps.

Ce livre est à la fois une étude consciencieuse d'histoire et un manuel de patriotisme héroïque et militaire ; les circonstances douloureuses de l'heure actuelle le rendent, en outre, très opportun. L'auteur nous dit, dans sa préface, les origines du titre de maréchal. Il nous présente ensuite la liste glorieuse, la litanie sublime des maréchaux depuis le premier qui fut le maréchal Clément (1285), jusqu'au dernier qui fut Canrobert (1896). C'est toute l'histoire militaire de la France. Mais il se borne, dans son livre, à la biographie des maréchaux du premier Empire ; il nous les montre dans les lueurs d'apothéose du soleil de Marengo et d'Austerlitz. Nous assistons à l'une de ces incomparables revues des Champs-Élysées où Napoléon apparaît environné de tous ces jeunes princes de la Victoire, tous ces jeunes favoris de la Gloire qui, un jour, porteront des noms sonores. L'auteur les suit sur chaque champ de bataille ; il emprunte à Napoléon lui-même les divers jugements que l'Histoire porte sur chacun d'eux. César tout seul pouvait et devait juger ces hommes qui furent ses pairs.

Petit Ange, par Pierre Maël ; 81 gravures d'après Alfred Paris.

Petit Ange, l'œuvre à la fois gracieuse et forte de Pierre Maël, est une pure et touchante histoire, celle d'une enfant trouvée, épave d'une tempête, recueillie et élevée par des sabotiers bretons, mais qu'une vocation artistique amène à Paris, en compagnie du vieux maître violoneux Joël Le Mat, son aïeul d'adoption.

Rien n'est plus dramatique, plus émouvant, que le récit de la lutte soutenue par le vieillard et l'enfant contre le dénuement et les misères de la capitale. Ce sont des pages exquises de fraîcheur et de sensibilité, dans lesquelles l'écrivain trouve le moyen de donner un charme aux tableaux les plus ordinaires de l'existence et de passionner l'intérêt par la peinture de scènes où palpitent les plus nobles sentiments du cœur humain.

Il va sans dire que ce roman peut être mis entre toutes les mains, et que la lecture en est aussi consolante que récréative.

Quant aux illustrations, elles ont été confiées au crayon et au pinceau délicats de l'artiste si justement apprécié, M. Alfred Paris.

✳

FORMAT IN-4° — 1re SÉRIE

PAGE 19 DU CATALOGUE — 1 VOLUME NOUVEAU

Le Secret du Vallon d'Enfer, par Pierre d'Alban; 22 gravures d'après Zier.

Le *Secret du Vallon d'Enfer* n'est pas un roman. L'héroïne y trouve une situation finale en dehors du mariage.

Recueillie par des bûcherons, élevée par eux, ignorant la condition de sa famille et sans grand souci de la connaître, elle ne doit d'être conservée à la vie qu'au dévouement d'un écuyer plus fidèle qu'habile.

Toutes les phases de l'action principale gravitent autour du procès *La Truaumont*, qui eut du retentissement sous Louis XIV, et de l'institution de la *Chambre des poisons*, fondée pour poursuivre une association d'empoisonneurs italiens. Tout n'est pas fiction dans cette histoire.

FORMAT IN-4° — 2e SÉRIE

PAGE 20 DU CATALOGUE — 1 VOLUME NOUVEAU

La Vallée fumante, roman du Far-West, par Léo Claretie; 26 gravures d'après Zier.

La région du Yellowstone National Park, à deux mille kilomètres de New-York, dans les Montagnes Rocheuses, avec ses innombrables geysers et ses saisissants phénomènes volcaniques, est une récente découverte en Amérique. On l'ignorait avant 1880. Aujourd'hui c'est la villégiature préférée des Yankees. M. Leo Claretie a visité cette région fantastique et y a placé l'action de son roman : *La Vallée fumante,* qui est à la fois attrayant et neuf par les descriptions merveilleuses d'un pays encore ignoré en Europe. Le récit se passe au XVIIIe siècle, et met en curieux contraste la vie frivole du vieux Paris avec les mœurs des sauvages de l'Amérique du Nord.

Par l'agrément de la forme et l'attrait de la fable, ce livre se recommande à la jeunesse qu'il instruira en l'amusant.

FORMAT IN-4° — 3e SÉRIE

PAGE 21 DU CATALOGUE — 3 VOLUMES NOUVEAUX

Abbayes et Monastères de France, par l'abbé J.-J. Bourassé; 47 gravures.

Combien d'abbayes célèbres sont maintenant en ruines, ou ont été complètement emportées par le vent des révolutions! La plume si exercée de M. Bourassé esquisse l'histoire et les monuments de ces établissements illustres, évoquant le souvenir de ceux qui n'existent plus.

Contes du pays basque, par Antonio de Trueba, traduction et préface d'Albert Savine ; 14 gravures.

C'est un pays très curieux et très pittoresque que cette vieille Cantalice. Peuple pauvre et sobre, aimant son pays et n'hésitant pas à le quitter pour aller chercher fortune aux Antilles ou sur les bords de la Plata, les Basques semblent avoir fait à leur image cette terre des *fueros* et des libertés communales. Trueba les peint avec amour. Ses contes sont des idylles, les grandes passions y remuent l'âme de l'homme comme partout, mais contenues par les croyances religieuses qui, dans ces contrées, ont conservé tout leur empire.

Ajoutons que M. Albert Savine est un traducteur apprécié, membre de l'Académie espagnole, auquel nous devons la révélation de plusieurs chefs-d'œuvre espagnols et catalans, notamment la traduction de l'*Atlantide,* le magnifique poème de Verdaguer.

Le Pirate mystérieux, par Harold ; 23 gravures.

Aventures de terre et de mer, tantôt dramatiques, toujours humoristiques, où le le lecteur passe par les émotions les plus poignantes, mais où la fantaisie et l'humour ajoutent fort heureusement une note de gaieté.

BIBLIOTHÈQUE DES FAMILLES

ET DES MAISONS D'ÉDUCATION

1re SÉRIE GRAND IN-8º

PAGE 22 DU CATALOGUE — 1 VOLUME NOUVEAU

A travers l'Espagne et l'Italie, par Victor Fournel ; 63 gravures.

Relation de voyage pleine de verve pittoresque, d'humour et d'érudition.

SÉRIE GRAND IN-8º CARRÉ

PAGE 24 DU CATALOGUE — 4 VOLUMES NOUVEAUX

Fidéline, suivi de plusieurs autres nouvelles, par Julie Lavergne ; 28 gravures.

Cette collection de contes très variés pour la forme, le sujet et l'époque, est remplie d'intérêt et d'originalité. Ces pages sont toutes écrites avec un talent réel, gracieuses, piquantes, empreintes de traits saillants et de la vraie couleur locale. On s'adresse au cœur aussi bien qu'à l'imagination et à l'esprit, et toujours avec art et habileté.

Les Industries bizarres, par Baul Bory ; 57 gravures.

Bizarres, elles le sont, en effet, ces industries dont M. Paul Bory a fait la découverte et dont il nous parle dans son intéressant volume. *Le Chanteur en plein vent* et *le Distributeur d'imprimés* sont, il est vrai, assez connus, mais que dire du *Pourvoyeur de vipères et de crapauds,* du *Fabricateur de faux cils et de faux cheveux,* et de tant d'autres métiers ignorés du public, qui n'ont pas de secrets pour l'auteur de ce livre ? On suivra avec intérêt M. Paul Bory dans ses investigations patientes parmi les professions tout à fait insolites que fait surgir autour de nous la nécessité de vivre, et l'on rapportera de ce voyage à travers les étages inférieurs de notre société cette conclusion que s'il n'est pas de sot métier, il en est de bien pénibles et de bien douloureux.

Mes aventures et mes voyages dans l'Asie centrale : de Téhéran à Khiva, Bokhara et Samarcand, à travers le grand désert Turcoman, par Arminius Vambéry, traduit de l'allemand par V. Tissot ; 20 gravures.

Qui n'a entendu parler d'Arminius Vambéry, le faux derviche qui fut assez téméraire pour se joindre à une troupe de Derviches de la Grande-Tartarie revenant de la Mecque et se rendant dans leur pays ? Rien de plus émouvant que le récit de son séjour chez les corsaires de la mer Caspienne, de ses entrevues avec le khan de Khiva, et de sa visite au jeune prince afghan.

Les Premiers siècles du Christianisme, par Ferdinand Grimont ; 40 gravures.

Ouvrage court et substantiel qui résume en un style simple, clair et concis, l'histoire des temps héroïques de l'Église, depuis la prédication des apôtres jusqu'à la chute de l'empire d'Occident. A côté des faits, l'auteur a placé de petites notices sur les quatre évangélistes, les plus célèbres hérésiarques, les grands apologistes, les Pères de l'Église et les principaux personnages qui ont illustré le catholicisme par leur science et leur sainteté.

De nombreuses reproductions de tableaux de maîtres ajoutent à ce livre un nouvel intérêt.

2e SÉRIE GRAND IN-8o

PAGE 24 DU CATALOGUE — 2 VOLUMES NOUVEAUX

Les Grands missionnaires français du XIXe siècle, par Edme de Saint-Marcel ; 24 gravures et une carte.

L'auteur nous raconte brièvement toute la vie de ces héros, depuis l'enfance jusqu'à la mort, et nous retrace à grands traits l'histoire de leurs missions au Tonkin, en Chine, dans l'Afrique équatoriale et au Japon. Il y a telle et telle page qui figureraient avec honneur dans les *Acta Martyrum.* C'est le même esprit, le même cœur, la même foi, le même héroïsme.

La Petite, par Georges Pradel ; 24 gravures.

Ouvrage d'émotion délicate et de fine psychologie. C'est le simple roman d'un père que des questions d'amour-propre ont brouillé avec ses enfants, et dont la réconciliation est due à la gracieuse intervention de sa petite-fille « la Petite ».

3ᵉ SÉRIE GRAND IN-8°

PAGE 26 DU CATALOGUE — 2 VOLUMES NOUVEAUX

Le Moulin de la Lande, par P.-M. Vrignault; 14 gravures.

Yves Kervallo, fils du meunier du Moulin de la Lande, est un capitaine au long cours, qui, grisé par les rêveries de son père, abandonne le commerce des côtes, pour se lancer au loin à la recherche des trésors que son imagination malade lui représente comme gisants à la merci du premier occupant. Son père, sa femme, son fils Loïc et Margaët, sa fille, partagent sa folie et laissent peu à peu le moulin s'arrêter. Yves Kervallo finit, après une amère déception éprouvée dans l'Inde, par comprendre l'inanité de son entreprise. Il part pour la Bretagne, ramenant avec lui la nièce d'un de ses vieux amis, mort à Calcutta. Son retour apporta la désillusion dans sa famille; mais, grâce à la sagesse précoce et au dévouement de la jeune orpheline, on reprend peu à peu le travail, et tout se termine par le mariage de Loïc avec l'orpheline, et de Margaët avec son cousin René Mahé, riche fermier des environs.

La Musique en France au XIXᵉ siècle, par Paul Gabillard; 26 gravures.

Histoire de la musique et des compositeurs français du siècle. L'ouvrage est semé d'anecdotes qui en rendent la lecture instructive et attrayante.

4ᵉ SÉRIE GRAND IN-8°

PAGE 28 DU CATALOGUE — 3 VOLUMES NOUVEAUX

Le Duc d'Aumale, prince, soldat : un grand seigneur au XIXᵉ siècle; 25 gravures.

En dehors du grand intérêt qui s'attache à tout ce qui touche le héros de la Smala, ce livre piquera la curiosité.

Il ne porte pas de nom d'auteur, mais il est facile de voir qu'il est l'œuvre émue d'une personne qui a passé sa vie dans l'intimité de la famille d'Orléans. C'est un touchant hommage rendu au duc d'Aumale, à la duchesse, à ses enfants, par un cœur qui a partagé leurs joies et surtout leurs douleurs.

Ce livre ne se présente pas comme une histoire complète du duc d'Aumale; il envisage le côté intime et renferme des aperçus tout à fait nouveaux sur la vie privée du prince. Il complète, corrige même les ouvrages déjà connus.

Sœurs des grands hommes, par Mᵐᵉ Marie de Grandmaison, officier d'Académie; 23 gravures.

A côté de la fille pieuse, qui mérite par son abnégation et son dévouement l'admiration des siècles, on peut placer une figure aussi suave, aussi intéressante et désintéressée : « la sœur ». Après un chapitre sur « la sœur antique », l'auteur fait défiler devant nous quelques-unes de ces femmes dont l'amour fraternel a rempli toute la vie: Isabelle de France, Julienne du Guesclin, Anne de Beaujeu, Marguerite de Valois, Catherine de Bourbon, Henriette de France, Angélique Parmentier, Madame Élisabeth, etc., etc. Ce sont d'admirables exemples à donner aux jeunes filles.

Souvenirs du beau pays de saint François, par l'abbé Contenson; 19 gravures.

Ce livre est d'abord pieux, puisque c'est le récit d'un pèlerinage; de plus il est exact et documenté. C'est une vie de saint François, mais encadrée dans ce délicieux paysage d'Assise, qui à lui seul est un poème.

BIBLIOTHÈQUE DE LA JEUNESSE CHRÉTIENNE

2ᵉ SÉRIE IN-8°

PAGE 30 DU CATALOGUE — 1 VOLUME NOUVEAU

Le Maréchal Lannes, duc de Montebello, prince souverain de Siévers (Pologne). Résumé de sa vie, par son petit-fils Charles Lannes, duc de Montebello ; 16 gravures.

C'est une grande âme de soldat que M. de Montebello nous met sous les yeux, une de ces âmes d'autrefois, d'un temps où l'anémie et la névrose n'avaient pas encore fait leur apparition. Sous ce rapport, la vie de Lannes est un beau et bon livre, une forte leçon de choses, surtout de choses patriotiques et militaires. Il intéressera et remettra en mémoire les principaux épisodes de la grande épopée napoléonienne, car Lannes les a tous vécus.

3ᵉ SÉRIE IN-8°

PAGE 32 DU CATALOGUE — 1 VOLUME NOUVEAU

L'Hirondelle, suivi de PHILÉMON ET BAUCIS, — CISKA DE CLERCY, — LES BRUYÈRES DE FRÈRE JEAN, par Mᵐᵉ Julie Lavergne ; 7 gravures.

Ces récits normands, écrits avec un réel talent, sont remplis d'intérêt et d'originalité.

4ᵉ SÉRIE IN-8°

PAGE 33 DU CATALOGUE — 1 VOLUME NOUVEAU

Fleurs du martyre, par Edme de Saint-Marel ; 17 gravures.

C'est le récit souvent poignant de la vie, des souffrances et du martyre de quelques jeunes gens qui ont confessé la foi, les uns en Annam vers 1836 et 1837, un autre au Tonkin en 1885, d'autres tout récemment en Afrique, dans l'Ouganda. Il n'y a rien de plus beau dans la vie des saints que l'attitude de ces jeune gens devant leurs bourreaux.

1ʳᵉ SÉRIE PETIT IN-8°

PAGE 35 DU CATALOGUE — 1 VOLUME NOUVEAU

La Fille de ma fille, par Pierre du Château ; 12 gravures.

C'est un charmant récit qui dépeint les mœurs ridicules dites américaines qui ont l'air de vouloir se généraliser chez nous parmi un certain monde. Les leçons que l'auteur tire des différentes situations de l'héroïne de ce petit roman ne pourront qu'être salutaires aux jeunes filles qui le liront.

NOUVELLE SÉRIE PETIT IN-8º — 3ᵉ SÉRIE

SÉRIE ÉDIFIANTE

PAGE 37 DU CATALOGUE — 8 VOLUMES

Deux Hommes de bien : Armand de Melun et Honoré Arnoul; 6 gravures.

Armand de Melun et Honoré Arnoul sont deux frères jumeaux, pour ainsi dire, par l'intelligence du bien, le génie des œuvres, l'amour de leurs semblables. L'humanité grandit à ses propres yeux en méditant de ces vies bienfaisantes et en respirant le parfum qui s'exhale de ces âmes pleines de Dieu et de sa charité.

Deux Servantes des pauvres : Jeanne Jugan et sœur Rosalie; 7 gravures.

Ce sont deux grandes servantes de Dieu et des pauvres, bien dignes de se donner la main, que cette humble fille de Bretagne et cette vaillante religieuse du Jura qui ont laissé dans le siècle un si grand nom et de si belles œuvres de charité.

Le Dévouement des humbles; 8 gravures.

Ce livre raconte brièvement les nombreux traits de générosité, de dévouement, d'héroïsme qui naissent incessamment de l'âme du peuple et aussi du cœur de la France si loyal, si noble et si bon. C'est une vraie *morale en action* que ce recueil des *prix de vertu* décernés depuis dix ans (1889-1899) par l'Académie française. L'auteur cite presque toujours textuellement les rapports des académiciens eux-mêmes. C'est donc à la fois une œuvre de morale et d'exquise littérature.

L'Épicier de la Drôme, Félix Longueville. Notice biographique par l'abbé Cyprien Perrossier, archiviste diocésain de Valence; 7 gravures.

Figures de martyrs; 7 gravures.

Ce livre raconte brièvement, mais avec émotion et fidélité, la vie et la mort de trois victimes de la Commune de 1871 : Mᵍʳ Darboy, M. l'abbé Deguerry, M. l'abbé Paul Seigneret; un archevêque, un curé de Paris, un humble séminariste, toute la hiérarchie catholique frappée d'un seul coup, le même jour, par les mêmes bourreaux, pour la même cause : la religion et la patrie.

La Lampe du sanctuaire, traduit du cardinal Wiseman; 6 gravures.

Le Saint de l'armée : le général de Sonis, 1825-1887; 6 gravures.

Le général de Sonis, dit l'auteur, a été appelé « le saint de l'armée ». Il a combattu en héros, il a vécu en saint, il a souffert en martyr, il est mort en prédestiné. Tel est en quelques mots le résumé de cette vie militaire impeccable, de cette vie chrétienne héroïque.

Un Soldat du pape au XIXᵉ siècle : le général de La Moricière; 5 gravures.

L'auteur s'est surtout attaché à mettre en relief le grand soldat, le citoyen intègre, le chrétien. Il l'a fait dans un style simple, concis, rapide, qui entraînera l'attention des jeunes lecteurs et les transportera successivement en Algérie, à Ancône, à Castelfidardo, à Rome, en Bretagne, où l'héroïque soldat meurt à l'ombre de son humble clocher natal.

Un Soldat martyr (saint Sébastien), récit historique par W. Herchenbach; traduit de l'allemand par l'abbé Gobat; 8 gravures.

4e SÉRIE IN-12

PAGE 40 DU CATALOGUE — 1 VOLUME NOUVEAU

Un Pensionnat d'autrefois, par Émile Gossot; 6 gravures.

Dans une courte préface, M. Gossot explique « qu'on avait autrefois la bonne habitude, même dans les plus modestes familles, d'avoir ce qu'on appelait son *Livre de Raison* ». C'était une sorte de journal dans lequel on mentionnait les événements qui intéressaient la famille. Certains rédacteurs du « livre de raison » y consignaient leurs souvenirs personnels, comme le fit l'aïeule maternelle de l'auteur. Ce sont donc les « Mémoires » de sa grand'mère qu'il livre aujourd'hui au public.

5e SÉRIE IN-12

PAGE 41 DU CATALOGUE — 1 VOLUME NOUVEAU

Les Idées de Simone, suivi de: AU CLAIR DE-LA LUNE, — LES QUATRE MENDIANTS, — ORIGINE DE POLICHINELLE ET D'ARLEQUIN, par Mme Marie de Grandmaison; 7 gravures.

6e SÉRIE IN-12

PAGE 43 DU CATALOGUE — 1 VOLUME NOUVEAU

La Marraine de Marthe, par Mlle Le Jeune; 12 gravures.

FORMAT PETIT IN-12

PAGE 44 DU CATALOGUE — 1 VOLUME NOUVEAU

Les Gros secrets de grand'maman, par Mme Marie de Grandmaison; 13 gravures.

FORMAT IN-18

PAGE 45 DU CATALOGUE — 1 VOLUME NOUVEAU

Un Enfant de Mayence, par Mme Marie de Grandmaison; 4 gravures.

MODIFICATIONS

INTRODUITES

DANS LE CATALOGUE GÉNÉRAL

DE JANVIER 1900

Pages.

88. — **Livres d'offices et de piété, format in-32 carré**. — Nouveau prix pour la reliure en mouton anglais, grenat, reliure molle, tranche dorée. — Suppression des reliures dans les genres ci-dessous :

> Imitation de maroquin poli, ouaté, coins arrondis, tranche dorée.
> Chagrin poli, uni, tranche dorée.
> Maroquin poli, ouaté, coins arrondis, tranche rouge sous or.
> Maroquin du Levant, poli, tranche marbrée dorée.

90. — **De Imitatione Christi n° 16**. — Suppression de la reliure en basane gaufrée.

91. — **Manuale Christianum n° 96**. — Suppression de l'édition sur papier indien.

93. — **Missel de Notre-Dame de France n° 553**. — Nouvelle reliure en mouton petit chagrin, grenat, tranche dorée. — Nouveau prix pour le maroquin poli, sans charnières, tranche dorée. — Suppression de la reliure en maroquin du Levant, poli, tranche marbrée dorée.

106. — **230. L'Alcoolisme. In-8° piqué.** *Publication nouvelle.*

107. — **265. Cours de géométrie élémentaire. In-8° cart.** — *Publication nouvelle.*

113. — **26. Histoire sainte. Cours moyen. In-16 cart.** *Nouvelle édition illustrée.*

En outre des reliures indiquées au présent catalogue, nos représentants seront porteurs de divers échantillons de reliures riches que nous ferons exécuter sur la demande de nos correspondants.

I

NOUVELLES GRANDES PUBLICATIONS ILLUSTRÉES

En souscription :

VERSAILLES ET LES DEUX TRIANONS

TEXTE PAR PHILIPPE GILLE

ET ENVIRON 325 ILLUSTRATIONS, DESSINS ET RELEVÉS

PAR

MARCEL LAMBERT

ARCHITECTE DES DOMAINES DE VERSAILLES ET DES TRIANONS

Conditions de la souscription :

L'ouvrage se composera de deux volumes du format grand in-4º, comprenant plus de 600 pages, illustrées de plus de **75** planches doubles et simples hors texte (dont environ 14 eaux-fortes, 12 héliochromies, et le reste en héliogravures) et de **250** sujets dans le texte, de dimensions diverses, gravés sur bois et en photogravure.

L'ouvrage paraît par fascicules, à raison d'un fascicule par mois, depuis le mois de janvier 1899.

Chaque fascicule est composé d'environ 24 pages de texte et gravures, comprenant **3** planches hors texte doubles et simples et environ **10** sujets dans le texte.

L'ouvrage sera complet en 25 livraisons.

Prix de l'ouvrage complet : **300** francs.

Prix de chaque livraison, sous une couverture imprimée : **12** francs.

Il n'est reçu de souscription qu'à l'ouvrage complet.

Un spécimen du texte et des illustrations, comprenant 24 pages de texte, cinq hors texte dont deux eaux-fortes, deux gravures en couleurs et une héliogravure, est donné en communication à toute personne qui en fait la demande. Pour les amateurs qui désireraient le conserver, le prix de ce spécimen est de **15** francs.

Le premier volume est paru.

RELIURES : PRIX POUR LES DEUX VOLUMES :

Demi-reliure, dos et coins en maroquin du Levant, tranche non ébarbée.	100 »
Reliure pleine en maroquin du Levant, poli, écusson avec les armes de Versailles, tranche non ébarbée, gardes en soie	250 »

REMISE DE 25 % SUR L'OUVRAGE ET SUR LES RELIURES SANS ESCOMPTE

Voir à la page suivante la désignation des exemplaires numérotés et les prix.

1

VERSAILLES

ET LES DEUX TRIANONS

GRANDE ÉDITION DE LUXE

150 exemplaires numérotés, savoir :

Nos **1** à **25**, sur grand papier des manufactures impériales du Japon, comprenant : 1º une épreuve avec remarque et sans lettre des eaux-fortes en premier état ; — 2º une épreuve avec remarque et sans lettre des eaux-fortes terminées ; — 3º une épreuve sans remarque et sans lettre des eaux-fortes terminées ; — 4º une épreuve avec lettre des eaux-fortes terminées, et double suite de toutes les héliogravures, dont une épreuve avec remarque . . . . **1000** fr.

Nos **26** à **65**, sur papier de Chine, comprenant : 1º une épreuve avec remarque et sans lettre des eaux-fortes terminées ; — 2º une épreuve sans remarque et sans lettre des eaux-fortes terminées ; — 3º une épreuve sans remarque avec lettre des eaux-fortes terminées, et double suite de toutes les héliogravures, dont une épreuve avec remarque . . . . **600** fr.

Nos **66** à **150**, tirage sur grand vélin du Marais, les eaux-fortes sur papier à la cuve, comprenant : une épreuve avant la lettre de toutes les tailles-douces et une épreuve avec lettre. . . . . **450** fr.

Remise de **25** º/₀ sans escompte.

LES
GRANDS SANCTUAIRES
DE LA T. S. VIERGE
EN FRANCE

PAR

LE R. P. FRÉD. ROUVIER
DE LA COMPAGNIE DE JÉSUS

Un volume petit in-folio de 400 pages, illustré de plus de 300 sujets dans le texte et de 44 planches hors texte, tous reproduits par les procédés phototypiques les plus nouveaux.

L'ouvrage est livré broché, sous une artistique couverture et renfermé dans un portefeuille en soie.

Un spécimen du tirage, comprenant 2 feuilles de 16 pages, est adressé en communication à toute personne qui en fait la demande.

Ce spécimen est facturé **5** francs aux amateurs qui désireront le conserver.

PRIX :

Broché et renfermé dans un portefeuille. . . . .   **100** »
Demi-reliure d'amateur, dos et coins en maroquin poli, tête
dorée. . . . .   **120** »

REMISE DE 33 o/o

Nota. — On trouve dans cet ouvrage les sanctuaires français de la très sainte Vierge les plus célèbres. Ce sont d'abord ceux qui, au moyen âge, attiraient les foules : Notre-Dame du Puy, Notre-Dame de Roc-Amadour, Notre-Dame de Chartres, Notre-Dame des Doms, à Avignon ; Notre-Dame des Clés, à Poitiers ; Notre-Dame du Port, à Clermont. Ensuite ce sont ceux qui, depuis longtemps, ont la confiance des fidèles : Notre-Dame des Victoires, à Paris ; Notre-Dame de la Garde, à Marseille ; Notre-Dame de Fourvière, à Lyon ; Notre-Dame de Bon Secours, à Nancy. Ce sont enfin ceux qui, de nos jours, ont vu les grandes foules venir à eux : Notre-Dame de la Salette et Notre-Dame de Lourdes.

LA VIE
DE N.-S. JÉSUS-CHRIST

D'APRÈS LES QUATRE ÉVANGILES

AVEC DES NOTES ET DES DESSINS EXPLICATIFS

Par J.-JAMES TISSOT

L'ouvrage se compose de deux volumes, comprenant **568** pages, illustrées de **368** aquarelles de Tissot, et **160** croquis et dessins explicatifs (têtes de caractère, costumes, paysages d'après nature), frises, lettres ornées et culs-de-lampe, composés par l'artiste lui-même.

Parmi les **368** aquarelles, toutes reproduites en couleur d'après des procédés nouveaux donnant les fac-similé absolus des originaux, par les imprimeries Lemercier, **331** sont tirées dans le texte, **37** hors texte, dont **16** tirées en taille-douce, encrées à la poupée.

Le texte, composé en caractères elzéviriens fondus spécialement par la maison Turlot, de Paris, avec les dessins explicatifs et ornements tous gravés sur bois, est tiré typographiquement sur les presses de l'imprimerie Mame.

Chaque exemplaire est numéroté, timbré par le Cercle de la librairie, et porte le nom du souscripteur.

JUSTIFICATION DU TIRAGE

Nᵒˢ **1** à **20**, sur papier des manufactures impériales du Japon, contenant : Une aquarelle originale de Tissot, dessinée spécialement pour l'ouvrage ; un état en taille-douce camaïeu de tous les hors texte, avant la lettre, un état en poupée de tous les hors texte, avant la lettre, un état en couleurs (poupée ou lithographie) de tous les hors texte, avec lettre, le tout sur japon. Un état avec lettre terminé de tous les hors texte, sur papier à la cuve et vélin du Marais. Une épreuve en héliogravure de toutes les compositions en couleur du texte, tirée spécialement en différentes teintes, suivant le sujet, sur papier à la cuve du Marais. Prix (Souscrits). . . . . **5000** francs.

Nᵒˢ **21** à **1000**, sur grand vélin des papeteries du Marais, contenant un état avant la lettre de tous les sujets hors texte, en héliogravure camaïeu. Toutes les épreuves en héliogravure (état camaïeu et poupée) sont tirées sur grand vélin à la cuve du Marais, avec filigrane spécial (grappe de raisin). Prix . . . . **1500** francs.

RELIURES ARTISTIQUES

LES PRIX S'ENTENDENT POUR LES DEUX VOLUMES

No 1. Demi-reliure, dos et coins en maroquin du Levant, poli, tranche non ébarbée. . . . .   100 »
No 2. Reliure pleine en maroquin du Levant, poli, écusson (grappe de raisin), tranche non ébarbée, gardes en soie . . .   250 »
Nº 3. Même reliure que le Nº 2, avec contre-gardes en maroquin poli ornées de fers spéciaux, gardes volantes en soie moirée. . . . .   500 »
Nº 4. Reliure pleine en veau naturel, sujets en relief, d'après la composition de Mᵐᵉ Vallgren, gardes en soie. . . .   400 »
Nº 5. Même reliure, patinée spécialement par l'artiste. . . . .   1000 »
Nº 6. Reliure pleine en peau de truie avec ornements gravés à la pointe de feu et rehaussés de couleurs par E. Belville, gardes en soie. . . . .   500 »

REMISE 20 º/₀ SUR L'OUVRAGE ET SUR LES RELIURES SANS ESCOMPTE

LA TUNISIE

PAR

GASTON VUILLIER

UN VOLUME PETIT IN-FOLIO

Orné de quatre gravures hors texte en couleurs et de 80 gravures noires dans le texte et hors texte.

Broché, couverture en chromo . . . .   12 »
Cartonné, dos en percaline, couverture en chromo, tête dorée.   15 »
Cartonné, percaline rouge, ornements or et noir, tranche dorée.   15 »

REMISE DE 40 º/₀ ET TREIZIÈME

LA SAINTE BIBLE

D'APRÈS LA VULGATE

TRADUCTION NOUVELLE

PAR MM. BOURASSÉ ET JANVIER

CHANOINES DE L'ÉGLISE MÉTROPOLITAINE DE TOURS

Approuvée par Mgr l'archevêque de Tours

Deux volumes grand in-folio, splendidement illustrés par Gustave DORÉ;
230 grandes compositions.
Ornementation du texte par H. GIACOMELLI.

Richement cartonné, toile argent, ornements or, noir et rouge, tr. dorée.	**200**	»
Demi-reliure, dos en chagrin doré, plats en papier, tranche dorée	**240**	»
Riche reliure en chagrin, ornements dorés avec des fers spéciaux, tranche dorée	**290**	»
Splendide reliure en maroquin du Levant, poli, ornements dorés avec des fers spéciaux, tranche marbrée dorée.	**350**	»

REMISE DE 25 %

POLYEUCTE

MARTYR

TRAGÉDIE CHRÉTIENNE EN CINQ ACTES

Par PIERRE CORNEILLE

Édition de grand luxe, avec une introduction par M. Léon GAUTIER, membre de l'Institut, et des éclaircissements par MM. Paul ALLARD, Édouard GARNIER et LEGRAND. — Un volume grand in-4°, orné d'un portrait de Corneille gravé par BURNEY et de cinq eaux-fortes, d'après les compositions d'ALBERT MAIGNAN, gravées par BOILVIN, BRACQUEMOND, LE COUTEUX et WALTNER. — Frises, lettres ornées et culs-de-lampe dans le style du XVIIe siècle, par Léon LENIEPT. — Nombreuses gravures sur bois dans le texte des Éclaircissements, par Léon ROUSSEAU, d'après les dessins d'Édouard GARNIER.

Tirage limité à 800 exemplaires numérotés :

1 à 100 sur papier du Japon, avec épreuves des planches en deux états, avec et sans remarque, broché	**200**	»
101 à 800 sur papier vélin blanc des papeteries du Marais, broché. (*Épuisé.*)	**100**	»
Ajouter, pour une demi-reliure d'amateur, dos et coins en maroquin poli rouge, tête dorée.	**20**	»

REMISE DE 50 % ET TREIZIÈME

UNE TACHE D'ENCRE

Par RENÉ BAZIN

OUVRAGE COURONNÉ PAR L'ACADÉMIE FRANÇAISE

UN VOLUME PETIT IN-FOLIO, TIRÉ SUR GRAND PAPIER VÉLIN

**Orné de 25 compositions hors texte, tirées en héliogravure sur Chine
dont 1 aquarelle à la main
et de 40 gravures dans le texte d'après les dessins d'ANDRÉ BROUILLET**

PRIX :

Broché, dans un portefeuille en soie. . . . .   **40** »
Demi-reliure d'amateur, dos et coins en maroquin poli, tête dorée.   **50** »

*Il a été tiré 120 exemplaires sur papier des manufactures impériales du
Japon, numérotés et portant le nom du souscripteur. Chaque exemplaire
contient un état de hors texte sur Chine, et un état sur Japon.*

JUSTIFICATION DU TIRAGE :

De 1 à 25, contenant une grande composition originale de l'artiste.   **350** »
De 26 à 65, contenant un dessin original. . . . .   **250** »
De 66 à 120 . . . .   **150** »

REMISE DE 33 % ET TREIZIÈME

SAINT-PIERRE DE ROME

Par LE R. P. MORTIER

DES FRÈRES PRÊCHEURS

Un volume in-4°, orné de 10 héliogravures, de 24 gravures hors texte
et de 121 sujets dans le texte.

CLOVIS

Par GODEFROY KURTH

Magnifique volume grand in-4°, orné de 8 compositions hors texte en héliogravure d'après
les dessins de CORMON, FLAMENG, GUILLONNET, LUMINAIS, A. MAIGNAN, ROCHEGROSSE;
et de 130 gravures sur bois.

PRIX DE CHACUN DES DEUX OUVRAGES CI-DESSUS :

Broché. . . . .   **15** »
Richement cartonné en percaline, ornem. en noir et or, tr. dorée .   **20** »
Demi-reliure, dos en chagrin doré, tranche dorée. . . . . . .   **20** »
Demi-reliure d'amateur, dos et coins en maroquin poli, tête dorée.   **25** »

Il a été tiré, de Saint-Pierre, 150 exemplaires sur simili-japon Prix : **80** francs.

REMISE DE 33 % ET TREIZIÈME

LE VIEUX PARIS

FÊTES, JEUX ET SPECTACLES. Par VICTOR FOURNEL. Un volume petit in-4°
orné de 165 gravures.

REMISE DE 50 0/0 ET TREIZIÈME

SAINTE ÉLISABETH DE HONGRIE

Par le comte de MONTALEMBERT, de l'Académie française, avec une préface par Léon
GAUTIER. Un volume petit in-4°, orné d'une chromolithographie, de vingt-huit grandes
gravures, et d'environ cent trente dessins dans le texte.

CHARLEMAGNE

Par ALPHONSE VÉTAULT, avec une introduction par Léon GAUTIER et des éclaircissements
par MM. Anatole de BARTHÉLEMY, G. DEMAY, A. LONGNON, etc. Un volume petit in-4°,
ouvrage couronné en 1877 par l'Académie française. Grand prix Gobert de 10 000 francs.
Orné de deux eaux-fortes, par Léopold FLAMENG (d'après LAMEIRE) et CHIFFLART, d'une
chromolithographie, de quinze grandes gravures hors texte, d'une carte de l'empire de
Charlemagne et d'environ cent vingt dessins dans le texte.

SAINT MARTIN

Par A. LECOY DE LA MARCHE, professeur d'histoire à l'Institut catholique de Paris,
lauréat de l'Académie des inscriptions et belles-lettres. Un volume petit in-4°, orné d'une
chromolithographie, 24 grandes gravures hors texte, trois fac-similé et environ cent
quarante gravures dans le texte.

SAINT LOUIS

Par H. WALLON, secrétaire perpétuel de l'Académie des inscriptions et belles-lettres,
doyen honoraire de la Faculté des lettres de Paris; suivi d'éclaircissements par MM. G. DEMAY,
Anatole de BARTHÉLEMY, etc. Un volume petit in-4°, orné d'un frontispice en couleur et de
280 gravures sur bois. Nouvelle édition.

JEANNE D'ARC

Par MARIUS SEPET, ancien élève pensionnaire de l'École des chartes. Un volume petit in-4°,
illustré de vingt-neuf compositions hors texte.

PRIX DE CHACUN DES OUVRAGES CI-DESSUS :

Broché	15 »
Richement cartonné en percaline, ornem. en noir et or, tr. dorée	20 »
Demi-reliure, dos en chagrin doré, tranche dorée	20 »
Demi-reliure d'amateur, dos et coins en maroquin poli, tête dorée . .	25 »

REMISE DE 33 0/0 ET TREIZIÈME

ÉDITIONS D'AMATEURS SUR PAPIER DE HOLLANDE

(EXEMPLAIRES NUMÉROTÉS)

SAINT MARTIN

PAR

A. LECOY DE LA MARCHE

PROFESSEUR D'HISTOIRE A L'INSTITUT CATHOLIQUE DE PARIS, LAURÉAT DE L'ACADÉMIE DES INSCRIPTIONS
ET BELLES-LETTRES

UN VOLUME PETIT IN-4°

PREMIÈRE ÉDITION

Six chromolithographies, d'après les aquarelles de MM. Olivier MERSON, DAMBOURGEZ et
TOUSSAINT; 24 grandes gravures hors texte, d'après les compositions originales de MM. Joseph BLANC, J.-Émile LAFON et Olivier MERSON, et d'après les dessins de M. BOCOURT,
Mlle DUPUY, MM. Édouard GARNIER, CLAUDIUS-LAVERGNE fils, PASQUIER et SELLIER;
trois fac-similé et environ cent quarante gravures dans le texte reproduisant les principaux
monuments consacrés au souvenir de saint Martin, etc., d'après les dessins de MM. CIAPPORI, Hubert CLERGET, FICHOT, GARCIA, Éd. GARNIER, GOSSELIN, MAHIEU, O. MERSON,
QUEYROY, SELLIER et TOUSSAINT.

SAINTE ÉLISABETH DE HONGRIE

PAR

LE COMTE DE MONTALEMBERT

DE L'ACADÉMIE FRANÇAISE

AVEC UNE PRÉFACE PAR LÉON GAUTIER

UN VOLUME PETIT IN-4°

Édition ornée de huit chromolithographies; vingt-huit grandes gravures hors texte, d'après
BOCOURT, BUSNEL, Édouard GARNIER, LAVÉE, PASQUIER et SELLIER, et environ cent trente
dessins dans le texte, par Mlle DUPUY, MM. FICHOT, HUREL et TOUSSAINT.

SAINT LOUIS

PAR

H. WALLON

SECRÉTAIRE PERPÉTUEL DE L'ACADÉMIE DES INSCRIPTIONS ET BELLES-LETTRES
DOYEN DE LA FACULTÉ DES LETTRES DE PARIS

SUIVI D'ÉCLAIRCISSEMENTS PAR MM. G. DEMAY, ANATOLE DE BARTHÉLEMY, A. LONGNON, ETC.

UN VOLUME PETIT IN-4°

Édition ornée de neuf chromolithographies; vingt-deux grandes gravures hors texte, d'après
BOCOURT, BUSNEL, CLAUDIUS-LAVERGNE fils, DUVIVIER, GARCIA, Éd. GARNIER, LAVÉE
et PASQUIER; trois fac-similé; quatre cartes en couleur, et environ deux cent soixante
dessins dans le texte, reproduisant tous les types de l'art au XIIIe siècle, par DARDEL,
FICHOT, FESQUET, GARCIA, GARNIER, HUREL et TOUSSAINT.

Prix de chacun des trois ouvrages ci-dessus : Broché, 25 fr.

REMISE DE 33 %

LA CHANSON DE ROLAND

Texte critique, accompagné d'une traduction nouvelle et précédé d'une Introduction historique, par Léon GAUTIER, membre de l'Institut, professeur à l'École des chartes ; avec douze magnifiques eaux-fortes par CHIFFLART et V. FOULQUIER, et un fac-similé.

UN VOLUME GRAND IN-8° JÉSUS. — PRIX, BROCHÉ : 40 FR.

SECONDE PARTIE

Contenant les notes et variantes, le glossaire et la table, avec une carte géographique et quinze gravures sur bois intercalées dans le texte.

UN VOLUME GRAND IN-8° JÉSUS. — PRIX, BROCHÉ : 20 FR.

Tirage sur papier de Hollande, 300 exemplaires numérotés. — Prix, broché : 40 fr.

REMISE DE 50 $^0/_0$ SUR CHACUN DE CES DEUX VOLUMES

Prix des reliures pour chaque volume, avec remise de **25** $^0/_0$:

Demi-reliure, dos en chagrin doré, plats en papier, tranche
dorée. 6   »
Demi-reliure d'amateur, dos et coins en maroquin rouge,
poli, plats en papier, doré en tête 12   »

L'ÉVANGILE

ÉTUDES ICONOGRAPHIQUES ET ARCHÉOLOGIQUES

PAR

CH. ROHAULT DE FLEURY

AUTEUR DU " MÉMOIRE SUR LES INSTRUMENTS DE LA PASSION "

Deux splendides volumes grand in-4°, imprimés avec luxe sur très beau papier vélin, ornés de cent magnifiques gravures sur acier et de nombreuses vignettes dans le texte.

PRIX :

Riche cartonnage, toile rouge. 50   »

REMISE DE 25 $^0/_0$

II

ÉCONOMIE SOCIALE, HISTOIRE RELIGIEUSE
MÉMOIRES

—▸—✶—◂—

OUVRAGES DE LE PLAY

LA RÉFORME SOCIALE EN FRANCE, déduite de l'observation comparée des peuples européens. — 7e édit.; trois vol. in-18 jésus. Prix, brochés : **6** fr.

L'ORGANISATION DU TRAVAIL, selon la coutume des ateliers et la loi du Décalogue, avec un précis d'observations comparées sur la distinction du Bien et du Mal dans le régime du travail, les causes du mal actuel et les moyens de réforme, les objections et les réponses, les difficultés et les solutions.— Un volume in-18 jésus. Prix, broché : **2** fr.

L'ORGANISATION DE LA FAMILLE, selon le vrai modèle, signalé par l'histoire de toutes les races et de tous les temps. — 2e édition, revue et corrigée. — Un volume in-18 jésus. Prix, broché : **2** fr.

LA CONSTITUTION DE L'ANGLETERRE, considérée dans ses rapports avec la loi de Dieu et les coutumes de la Paix sociale, précédée d'aperçus sommaires sur la Nature du sol et l'Histoire de la race. — Deux vol. in-18 jésus. Prix, brochés : **4** fr.

LA PAIX SOCIALE APRÈS LE DÉSASTRE. — Prix, broché : **60** c.

LA RÉFORME EN EUROPE ET LE SALUT DE LA FRANCE (LE PROGRAMME DES UNIONS DE LA PAIX SOCIALE), avec une *Introduction* de M. H.-A. MUNRO BUTLER JOHNSTONE, membre de la Chambre des communes d'Angleterre. — Prix, broché : **1** fr. **50.**

LES OUVRIERS EUROPÉENS, Études sur les travaux, la vie domestique et la condition morale des populations ouvrières de l'Europe; 2e édit., en 6 tomes in-8º. — Le tome premier contient le portrait de l'auteur, et une carte des cinquante-sept familles décrites dans l'ouvrage. — Chaque volume se vend séparément : **6** fr. **50.**

LA MÉTHODE SOCIALE (ABRÉGÉ DES OUVRIERS EUROPÉENS); ouvrage destiné aux classes dirigeantes, avec le portrait de l'auteur et la carte des cinquante-sept familles décrites dans l'ouvrage: *Les Ouvriers européens.* — Un volume in-8º. — Prix, broché : **6** fr. **50.**

LA CONSTITUTION ESSENTIELLE DE L'HUMANITÉ, exposé des principes et des coutumes qui créent la prospérité ou la souffrance des nations. — Prix, broché : **2** fr.

REMISE DE 25 0/0 ET TREIZIÈME SUR CES NEUF OUVRAGES

OUVRAGES DE M. DE RIBBE

LES FAMILLES ET LA SOCIÉTÉ EN FRANCE AVANT LA RÉVOLUTION. — Deux volumes in-18 jésus. Prix, brochés : **4** fr.

UNE FAMILLE AU XVIe SIÈCLE, d'après les documents originaux. Un volume in-18 jésus. Prix, broché, **2** fr.

LE LIVRE DE FAMILLE. — Un vol. in-18 jésus. — Prix, broché : **2** fr.

REMISE DE 25 0/0 ET TREIZIÈME SUR CES TROIS OUVRAGES

MANUEL D'ÉCONOMIE SOCIALE
Un volume in-12 (Voir page 127)

LA ORGANISACIÓN DEL TRABAJO
Un volume in-12 (Voir page 101)

PRÉCIS DE LA DOCTRINE CATHOLIQUE

Par le P. WILMERS, S. J.

ANCIEN PRÉFET DES ÉTUDES A LA FACULTÉ DE THÉOLOGIE DE POITIERS

Un volume de 500 pages. — Prix, broché : **7 fr. 50.**

REMISE DE 50 % ET TREIZIÈME

HISTOIRE DE LA RELIGION

PROUVANT LA RÉVÉLATION DIVINE ET SA CONSERVATION PAR L'ÉGLISE

Par le P. WILMERS, S. J.

Traduit de l'allemand. — 2 volumes in-8° carré. Prix : **13 fr. 50.**

REMISE DE 25 % ET TREIZIÈME

EXPOSITION DE LA DOCTRINE CATHOLIQUE

PAR LES GRANDS ÉCRIVAINS FRANÇAIS

La Religion. — L'Église. — Dieu. — Jésus-Christ.

Textes recueillis et annotés par le R. P. P.-J. de Bussy, S. J. — Un vol. in-8° carré de 384 pages.
Prix, broché : **2 fr. 50.**

REMISE DE 33 % ET TREIZIÈME

LA VIE CHRÉTIENNE

LA GRACE, LA PRIÈRE, LES SACREMENTS, LA VIE CHRÉTIENNE, LA VIE ÉTERNELLE

Par le R. P. P.-J. DE BUSSY, S. J. — 1 volume in-8°. Prix, broché : **2 fr. 50.**

REMISE DE 33 % ET TREIZIÈME

VIE DE M. DUPONT

MORT EN ODEUR DE SAINTETÉ LE 18 MARS 1876

D'après ses écrits et autres documents authentiques, par l'abbé JANVIER, doyen du chapitre de l'Église métropolitaine de Tours, prêtre de la Sainte-Face. Deux volumes in-12.
— Prix, brochés : **6 fr.**

REMISE DE 25 % ET TREIZIÈME

LE CHRISTIANISME

SES DOGMES ET SES PREUVES

Causeries théologiques dédiées aux gens du monde, par l'abbé VERGER, curé de Saint-Julien de Tours. Ouvrage approuvé par M⁙ l'Archevêque de Tours. Deux volumes in-12.
— Prix, brochés : **6 francs.**

REMISE DE 25 % ET TREIZIÈME

LES APPARITIONS DE LOURDES
SOUVENIRS INTIMES D'UN TÉMOIN
Par J.-B. ESTRADE

UN VOLUME IN-12, PRIX : BROCHÉ, 2 FR.

REMISE DE 33 0/0 ET TREIZIÈME

L'IMMACULÉE CONCEPTION
HISTOIRE D'UN DOGME
Par DUBOSC DE PESQUIDOUX

2 volumes in-8°. Prix : brochés, **10** fr.

REMISE DE 25 0/0 ET TREIZIÈME

ŒUVRES PASTORALES DE MGR GUIBERT
ARCHEVÊQUE DE PARIS

Cinq volumes grand in-8°, imprimés sur papier superfin et ornés d'un beau portrait à l'eau-forte par V. FOULQUIER. Prix, brochés : **15** francs.

REMISE DE 25 0/0 ET TREIZIÈME

LE LIEU
DU CRUCIFIEMENT DE SAINT-PIERRE
Par MGR J.-B. LUGARI

Un volume in-8° de 150 pages, avec 4 planches en simili.

Prix : **2** fr.

REMISE DE 25 0/0 ET TREIZIÈME

ŒUVRES POSTHUMES DU GÉNÉRAL TROCHU
I. LE SIÈGE DE PARIS
II. LA SOCIÉTÉ, L'ÉTAT, L'ARMÉE
Suivi d'un Appendice : *L'HISTOIRE ANECDOTIQUE*

Deux volumes grand in-8°. — Prix : **9** fr.

Il a été tiré un certain nombre d'exemplaires sur grand papier. — Prix : **15** fr.

REMISE DE 33 0/0 ET TREIZIÈME

OUVRAGES DE M. FRANÇOIS DESCOSTES

LA RÉVOLUTION FRANÇAISE
VUE DE L'ÉTRANGER (1789-1799)

MALLET DU PAN A BERNE ET A LONDRES, d'après une correspondance inédite. — Préface de M. le marquis COSTA DE BEAUREGARD, de l'Académie française. — Avec un portrait en héliogravure. Un volume grand in-8°. — Prix, broché : **7 fr. 50**.

REMISE DE 33 % ET TREIZIÈME

JOSEPH DE MAISTRE
AVANT LA RÉVOLUTION
SOUVENIRS DE LA SOCIÉTÉ D'AUTREFOIS
1753 - 1793

OUVRAGE COURONNÉ PAR L'ACADÉMIE FRANÇAISE

Deux volumes in-8°. — Prix, brochés : **15 francs**.

JOSEPH DE MAISTRE
PENDANT LA RÉVOLUTION
1789 - 1797

Un volume in-8°. — Prix, broché : **7 fr. 50**

REMISE DE 33 % SUR CES DEUX OUVRAGES

LETTRES INÉDITES DU R. P. DE RAVIGNAN
A Mgr DUPANLOUP

Un volume in-8°. — Prix, broché. . . . . **2 fr. 50**

REMISE DE 33 % ET TREIZIÈME

TOURS CAPITALE

La délégation gouvernementale et l'occupation prussienne 1870-1871, par Mgr C. CHEVALIER camérier secret de S. S. Léon XIII, clerc national de France.

Un volume in-8°. — Prix, broché : **5 francs**.

REMISE DE 33 % ET TREIZIÈME

FORMAT IN-4º CARRÉ

(VOLUMES DE 150 A 175 PAGES, MESURANT 28 × 22)

11 volumes dans la collection.

A LA POINTE DE L'ÉPÉE, par Jacques Lemaire; 47 gravures.
CIRQUE ET LES FORAINS (LE), par Henry Frichet; 70 gravures.
COINS DE PARIS (LES), par Léo Claretie; 25 gravures.
CONTES DE L'ÉPÉE (LES), par Henry de Brisay; 20 gravures.
ODYSSÉE DE CLAUDE TAPART (L'), par Jean Drault; 42 gravures.
SABRE A LA MAIN (LE), par Marcel Luguet; 39 gravures.
STÉPHANETTE, par René Bazin; 25 gravures.
TRÉMOR AUX MAINS ROUGES, par Henry de Brisay; 17 gravures.
TROIS DISPARUS DU "SIRIUS" (LES), par Georges Price; 32 gravures.
★ **UNE AME D'ENFANT**, par Jean de la Bretonnière; 34 gravures.
VÉLOCIPÉDIE ET AUTOMOBILISME, par Frédéric Régamey; 73 gravures.

PRIX DE CHACUN DES VOLUMES CI-DESSUS

Relié en percaline rouge, plaque spéciale en or et noir, biseautée, tranche dorée. 5 »

Remise de 33 0/0 et treizième.

COLLECTION DES ROMANS HONNÊTES

ILLUSTRÉS EN PLUSIEURS COULEURS

Format in-12 — Prix : 3 fr.

14 VOLUMES DANS LA COLLECTION

AMOUR D'ANTAN, par Champol. Illustration de Gaston Lhuer.
★ **ANNE-MARIE LA PROVIDENCE**, par Daniel Laumonier. Illustration d'Orazi.
BATEAU-DES-SORCIÈRES (LE), par Gustave Toudouze. Illustration de Vulliemin.
CAGE DE CUIR (LA), par Georges Pradel. Illustration de Zo.
★ **CHATEAU DE LA VIEILLESSE** (LE), par Guy Chantepleure. Illustration de Lucien Métivet.
CŒURS NAIFS, par Marcel Luguet. Illustration de Louise Abbéma.
CONTES DE BONNE PERRETTE, par René Bazin. Illustration de Vulliemin.
★ **ODYSSÉE DE CLAUDE TAPART** (L'), par Jean Drault. Illustration de Lucien Métivet.
★ **ŒIL DE TIGRE** (L'), par Georges Pradel. Illustration d'Alfred Paris.
★ **POUR LA PATRIE**, par Paul Verdun. Illustration de Zier.
ROCHE-QUI-TUE (LA), par Pierre Maël. Illustration de Scott.
ROMAN DE L'OUVRIÈRE (LE), par Charles de Vitis. Illustration de Zier.
SABRE A LA MAIN (LE), par Marcel Luguet. Illustration d'Alfred Paris.
STÉPHANETTE, par René Bazin. Illustration de Vulliemin.

Remise de 33 0/0 et treizième.

LOURDES

Un album de 80 pages, illustré de 158 photographies prises spécialement d'après nature.

Prix : richement cartonné, 3 fr.; net, 2 fr.

PUBLICATION PAR FASCICULES

CHAQUE FASCICULE EST ILLUSTRÉ DE 30 A 40 PHOTOGRAPHIES

1er FASCICULE. — Le pèlerinage national du Jubilé de 1897.
2e   »   Les guérisons.
3e   »   Bernadette, Les pèlerinages, Le vieux Lourdes, Bétharram.
4e   »   La journée d'un pèlerin à Lourdes. — Pau.
5e   »   Les environs de Lourdes : Argelès, Luz, Saint-Sauveur, Cauterets, Barèges, Gavarnie.

Prix de chaque fascicule : 60 centimes; net, 40 centimes.

ALPHABET DE L'ENFANT JÉSUS

Par M. l'abbé DE BELLUNE, chanoine de l'Église métropolitaine de Tours. Un volume in-4°, orné de figures tirées en plusieurs couleurs; dessins de Carot, gravés par Méaulle.

LA SAINTE BIBLE

A L'USAGE DE L'ENFANCE

Par M. l'abbé VERGER, curé de Saint-Julien de Tours; dessins de Henri Carot, gravés par Méaulle, tirés en plusieurs couleurs.

ANCIEN TESTAMENT, 1 volume in-4°.
NOUVEAU TESTAMENT, 1 volume in-4°.

PRIX DE CHACUN DES TROIS VOLUMES VENDUS SÉPARÉMENT :
Cartonné, avec couverture en chromotypie, **3** fr.; net, **2** fr. et treizième.

FABLES DE LA FONTAINE

LLUSTRATION DE GRANDVILLE

240 sujets et un frontispice (un sujet par fable). — Un beau volume in-12.

Broché. . . . .   **3** »
Percaline gaufrée, riche écusson, tranche dorée . . . .   **4** »

REMISE DE 33 % ET TREIZIÈME

IV

BIBLIOTHÈQUE ILLUSTRÉE

Livres pour Étrennes, Distributions de Prix et Bibliothèques scolaires

Dans toutes les séries les nouveautés sont précédées d'un astérisque.

Pour les remises faites sur les collections de livres pour distributions de prix, consulter le tableau sur papier vert qui se trouve au commencement du catalogue.

FORMAT PETIT IN-FOLIO. — 1re SÉRIE

(VOLUMES DE 500 PAGES, MESURANT 33 × 25)

Broché.	12 »
Percaline, plaques spéciales, tranche dorée	15 »
Demi-reliure, dos en chagrin rouge, tranche dorée	19 »
Demi-reliure d'amateur, dos et coins en maroquin du Levant, tranche dorée en tête	27 »

6 volumes dans la collection.

ARMÉE EN FRANCE ET A L'ÉTRANGER (L'), par le commandant Picard; 20 sujets hors texte en couleurs, et 150 gravures sur bois.

FABLES DE LA FONTAINE, *illustrées par Vimar;* 4 planches hors texte en couleurs, 50 sujets en camaïeu, 246 sujets dans le texte.

HISTOIRE DE LA SAINTE BIBLE, Ancien et Nouveau Testament, par M. l'abbé Cruchet, chanoine honoraire, curé de Saint-Étienne de Tours; 100 gravures d'après Gustave Doré.

HOMME AUX YEUX DE VERRE (L'), Aventures au Dahomey, par Rossi et Méaulle; 106 gravures, par Baldo, Brun, Mouchot, Tofani, Bayard fils, A. Simon, de Haenen, de Bérard, Riou, O. Saunier, E. Morin, etc.

NOUVEAU VOYAGE DE FRANCE (LE), par Louis Barron; 250 gravures.

TUNISIE (LA), par Gaston Vuillier; 4 gravures hors texte en couleurs et 80 gravures noires.

FORMAT PETIT IN-FOLIO — 2e SÉRIE

(VOLUMES DE 320 PAGES, MESURANT 32 × 25)

Chaque volume est orné de nombreuses gravures.

Broché, couverture en couleurs.	7 »
Percaline, ornements en noir et or, tranche dorée.	9 »

5 volumes dans la collection.

ANNE-MARIE LA PROVIDENCE, Épisode des guerres du premier empire, par Daniel Laumonier; 72 gravures d'après Orazi.

COULEURS FRANÇAISES (LES), par Georges Virenque; 64 gravures.

★ **MARÉCHAUX DE NAPOLÉON** (LES), par Gérard de Beauregard; 63 gravures.

★ **PETIT ANGE**, par Pierre Maël; 81 gravures d'après Alfred Paris.

RÉCITS DU TEMPS PASSÉ, par Maurice Maindron; 54 gravures.

FORMAT IN-4° — 1re SÉRIE

(VOLUMES DE 400 PAGES, MESURANT 30×22)

Chaque volume est orné de nombreuses gravures.

Broché, couverture imprimée 5 50
Broché, couverture chromo 5 75
Percaline, ornements en noir et or, tranche dorée. 8 50
Demi-reliure, dos en chagrin doré, plats en toile, tranche dorée. 10 »

26 volumes dans la collection.

AUX INDES ET EN AUSTRALIE, dans le yacht *le Sunbeam,* par lady Brassey ; traduit de l'anglais par Gaston Bonnefont ; 200 gravures.

AVENTURES DE ROBINSON CRUSOÉ (LES), par Daniel de Foë ; 89 grav. sur bois.

CHATEAUX HISTORIQUES DE FRANCE, Histoire et monuments, par M. l'abbé J.-J. Bourassé ; 32 gravures sur bois d'après Karl Girardet et Français.

CHEVALIERS DE RHODES ET DE MALTE (LES) (Hospitaliers de Saint-Jean de Jérusalem), Chroniques et récits, par P.-A. Farochon ; 38 gravures.

CHRISTOPHE COLOMB, par Mgr Ricard ; 33 gravures d'après Baldo.

ÉCOLES PROFESSIONNELLES (LES), par Alexis Lemaistre ; 72 gravures.

FABIOLA OU L'ÉGLISE DES CATACOMBES, par S. Ém. le cardinal Wiseman, archevêque de Westminster ; traduit de l'anglais par M. Richard Viot, et précédé d'une introduction par Léon Gautier ; 10 grandes compositions hors texte par Joseph Blanc, gravées par Méaulle ; 75 gravures dans le texte.

FEMMES ILLUSTRES DE LA FRANCE (LES), par Oscar Havard ; 76 gravures.

HENRI IV ET SON TEMPS, par l'abbé Jousset ; 48 gravures.

HISTOIRE DE FRANCE, par Émile Keller ; 74 gravures.

HISTOIRE DE PARIS ET DE SES MONUMENTS, par Eugène de la Gournerie ; 4e édition, ornée de nombreuses gravures sur acier et sur bois, comprenant les derniers événements et les monuments nouveaux.

HISTOIRE DES CROISADES, abrégée à l'usage de la jeunesse, par M. Michaud, de l'Académie française, et M. Poujoulat ; 53 gravures sur bois.

HOMMES CÉLÈBRES DE LA FRANCE (LES), par M. Dumas ; 54 grav. sur bois.

JEANNE D'ARC, par Marius Sepet ; 52 gravures.

LOUIS XIV ET SON TEMPS, par A. Gabourd ; 61 gravures.

MABEL VAUGHAN, Vie d'une Américaine, par miss Cummins, traduit de l'anglais par Harold ; 40 gravures.

MARINE D'AUJOURD'HUI (LA), par G. Contesse ; 150 gravures.

MARINE D'AUTREFOIS (LA), par G. Contesse ; 80 gravures.

MONTCALM ET LÉVIS, guerre du Canada (1756-1760), par M. l'abbé Casgrain, docteur ès lettres, professeur à l'université de Québec, lauréat de l'Académie française ; 72 gravures.

PERDUS DANS LA GRANDE VILLE, par F. Méaulle ; 93 gravures.

RÈGNE DE L'ÉLECTRICITÉ (LE), par Gaston Bonnefont ; 250 gravures.

ROBINSON SUISSE (LE). Histoire d'une famille suisse naufragée, par J.-R. Wyss. Traduit de l'allemand par Frédéric Muller ; 65 gravures.

ROME ET SES PONTIFES, Histoire, Traditions, Monuments, par Mgr C. Chevalier ; 45 gravures.

SAINTS PAR LES GRANDS MAITRES (les), Hagiographie et Iconographie ; par Charles Ponsonailhe ; 147 gravures.

★ **SECRET DU VALLON D'ENFER** (le), par Pierre d'Alban ; 22 grav. d'après Zier.

TOUR DU MONDE EN FAMILLE (le). Voyage de la famille Brassey dans son yacht *le Sunbeam*, raconté par la mère ; traduit par M. Richard Viot ; 78 gravures.

FORMAT IN-4° — 2ᵉ SÉRIE

(VOLUMES DE 288 PAGES, MESURANT 30 × 22)

Chaque volume est orné de nombreuses gravures.

Broché, couverture imprimée	3	35
Broché, couverture chromo	3	50
Riche cartonnage, imitation de toile, tranche dorée.	4	60
Percaline gaufrée, riches ornements, tranche dorée.	6	20
Percaline, nouvelle plaque avec ornements en noir et or, spéciale pour les étrennes, tranche dorée	7	»

23 volumes dans la collection.

A TRAVERS LES ALPES AUTRICHIENNES, par Maurice Grandjean ; 35 grav.

CÉCILIA, ou les Premiers temps du christianisme en Italie et en Grèce, par F. de Nocé ; 27 gravures.

CHASSEURS D'ÉPAVES (les), par Georges Price ; 22 gravures.

CHERCHEURS DE QUINQUINAS (les) : des vallées de Caravaya a l'Amazone, par Paul Bory ; 43 gravures.

COMPAGNONS DE L'ALLIANCE (les), une conspiration sous le premier empire, par Jean Guétary ; 30 gravures.

DE CARTHAGE AU SAHARA, par l'abbé Bauron ; 56 gravures.

DÉLAISSÉE, par F. Méaulle ; 4 sujets en couleurs et 30 gravures sur bois.

DESTINÉE D'ISABELLE (la), par Marguerite Levray ; 4 planches en couleurs et 31 gravures sur bois.

DETTE DE CARMÈLE (la), par Marguerite Levray ; 36 gravures.

EN VACANCES ; Comment Georges apprit le dessin, par Henri Carot ; 278 gravures.

ESPRIT DES OISEAUX (l'), par S.-Henry Berthoud ; 105 gravures.

FAUVETTE, suivi de l'Héritage de Rosélian, par Marguerite Levray ; 33 grav.

FÊTES DE NOS PÈRES (les), par Oscar Havard ; 42 gravures.

FRÈRE ANGE, par la baronne S. de Boüard ; 26 gravures.

LÉGENDE MERVEILLEUSE (la), Récits du temps de la reine Berthe, par Alfred de Villeneuve ; 38 gravures.

MARIE STUART (histoire de), par M. de Marlès ; 29 gravures.

POUR LA PATRIE, par Paul Verdun ; 30 gravures.

RÈGNE DE FRANÇOIS Iᵉʳ ET LA RENAISSANCE (le), par Eugène de la Gournerie ; 45 gravures.

SACRIFICE DE LANCELOT (le), par A. Chevalier ; 36 gravures.

SOLDATS, par le marquis de Ségur ; 1 grav. en couleurs et 26 grav. sur bois.

★ **VALLÉE FUMANTE** (la), par Léo Claretie ; 26 gravures d'après Zier.

VALLÉE DES COLIBRIS (la), par Lucien Biart ; 32 gravures.

VOYAGEUSES AU XIXᵉ SIÈCLE (les), par A. Chevalier ; 43 gravures.

FORMAT IN-4° — 3e SÉRIE

(VOLUMES DE 224 ET 240 PAGES, MESURANT 28 × 22)

Chaque volume est orné de nombreuses gravures.

Broché.	3	»
Broché, couverture chromo	3	20
Riche cartonnage imitation de toile, tranche dorée.	4	»
Percaline gaufrée, ornements or et noir, tr. dorée	5	»

10 volumes dans la collection.

★ **ABBAYES ET MONASTÈRES DE FRANCE**, par l'abbé J.-J. Bourassé; 47 gravures.

CATHOLIQUES DE FRANCE, ESQUISSES CONTEMPORAINES, par Trogan; 30 gravures.

★ **CONTES DU PAYS BASQUE**, par Antonio de Trueba, traduction et préface d'Albert Savine; 14 gravures.

DE LA MONTAGNE AU DÉSERT, par Méhier de Mathuisieulx; 26 gravures.

DRAMES A TOUTE VAPEUR, par Camille Debans, 20 gravures.

DUCHESSE CLAUDE (LA), par A. de Martigné; 15 gravures.

ÉVADÉ DE LA GUYANE (L'), par Guy Tomel; 29 gravures.

GEMME ET COLOMBE, par M. le chanoine Fraineau, aumônier de l'asile de Lafond-la-Rochelle; 15 gravures.

HÉROINES DE L'AMOUR FILIAL (LES), par Mme Marie de Grandmaison, officier d'Académie, lauréate de l'Académie française; 22 gravures.

★ **PIRATE MYSTÉRIEUX** (LE), par Harold; 23 gravures.

BIBLIOTHÈQUE DES FAMILLES
ET DES MAISONS D'ÉDUCATION

FORMAT GRAND IN-8° — 1ʳᵉ SÉRIE

(VOLUMES DE 352 A 368 PAGES, MESURANT 27×18)

Chaque volume est orné de nombreuses gravures.

Broché, couverture en couleurs.	2	50
Riche cartonnage, imit. de toile, tranche jaspée.	3	»
Riche cartonnage, imitation de toile, tranche dorée.	3	40
Percaline gaufrée, riches ornements, tranche dorée.	4	»
Demi-reliure, dos en chagrin, tranche dorée.	6	50

43 volumes dans la collection.

ADEN A ZANZIBAR (D'), Un coin de l'Arabie heureuse, Le long des côtes, par Mᵍʳ Le Roy, de la congrégation du Saint-Esprit et du Saint-Cœur de Marie, vicaire apostolique du Gabon; 106 gravures.

ANTIQUAIRE (L'), de Walter Scott. Adaptation et réduction à l'usage de la jeunesse, par A.-J. Hubert; 24 gravures sur bois, d'après les dessins de Lix.

A TRAVERS LE ZANGUEBAR. Voyage dans l'Oudoé, l'Ouzigoua, l'Oukwèré, l'Oukami et l'Ousagara, par les PP. Baur et Le Roy, de la congrégation du Saint-Esprit et du Saint-Cœur de Marie, missionnaires au Zanguebar. Ouvrage orné de 45 gravures et d'une carte.

★ **A TRAVERS L'ESPAGNE ET L'ITALIE,** par Victor Fournel; 63 gravures.

BLANCHE DE CASTILLE (HISTOIRE DE), par Jules-Stanislas Doinel; 25 gravures.

CARAVANE DE LA MORT (LA), Souvenirs de voyages, par Karl May; traduit de l'allemand par J. de Rochay; 15 gravures.

CHRÉTIENS ILLUSTRES (LES), depuis la prédication des Apôtres jusqu'à l'invasion des barbares, par J.-B. Marty, ancien recteur d'Académie; 35 gravures.

CONSCRITS DU TRAVAIL (LES), ou l'enseignement professionnel chrétien, par Guy Tomel; 70 gravures.

CONSTANCE SHERWOOD, par lady G. Fullerton. Adapté de l'anglais par A. Chevalier; 25 gravures.

FABIOLA, ou l'Église des Catacombes, par Son Éminence le cardinal Wiseman, archevêque de Westminster; traduit de l'anglais par M. Richard Viot; 50 grav.

FEMMES D'AUTREFOIS, par A. Chevalier; 31 gravures.

FLEURS DE LORRAINE, par Jean Tincey; 25 gravures.

FRANCE COLONIALE ILLUSTRÉE (LA). Algérie, Tunisie, Congo, Madagascar, Tonkin et autres colonies françaises, par A.-M. G., membre de la société de Géographie de Paris, de la société royale belge de Géographie de Bruxelles, etc. Édition ornée de 93 gravures et de 24 cartes.

FRANCE PITTORESQUE (LA), Région du Nord, par Alexis-M. G.; 167 gravures et cartes.

FRANCE PITTORESQUE (LA), Région de l'Est, par Alexis-M. G.; 103 gravures et 29 cartes.

FRANCE PITTORESQUE (LA), Région de l'Ouest, par Alexis-M. G.; 129 gravures et 42 cartes.

FRANCE PITTORESQUE (LA), Région du Sud, par Alexis-M. G.; 124 gravures et 41 cartes.

HISTOIRE NATURELLE EXTRAITE DE BUFFON ET DE LACÉPÈDE, quadrupèdes, oiseaux, serpents, poissons et cétacés; orné de 184 grav.

IMITATION DE JÉSUS-CHRIST, avec une prière et une pratique à la fin de chaque chapitre, par le R. P. de Gonnelieu; texte orné d'un encadrement et de 122 grav. sur bois, d'après les dessins de L. Hallez.

ITINÉRAIRE DE PARIS A JÉRUSALEM, par le vicomte de Chateaubriand; 41 gravures.

JAPON D'AUJOURD'HUI (LE), Journal intime d'un missionnaire apostolique au Japon septentrional; 55 gravures.

JEANNE D'ARC, par Marius Sepet, ancien élève de l'École des chartes; 13 gravures.

JÉSUS-CHRIST (HISTOIRE DE), d'après les Évangiles et la tradition, par M. l'abbé J.-J. Bourassé, chanoine de l'Église métropolitaine de Tours; 39 gravures.

LAC ONTARIO (LE), de Fenimore Cooper. Adaptation et réduction à l'usage de la jeunesse, par A.-J. Hubert; 24 gravures sur bois, d'après Brun et Mouchot.

LES PLUS BELLES CATHÉDRALES DE FRANCE, par M. l'abbé J.-J. Bourassé; 45 gravures sur bois dans le texte et hors texte.

LE PLUS FORT, par Champol; 25 gravures.

OFFICIER DE FORTUNE (L'), de Walter Scott; 20 gravures.

ORPHELINE DES FAUCHETTES (L'), suivi de : L'ONCLE JACQUES, et de : LES ÉTAPES DE FRANÇONNETTE, par Marguerite Levray; 25 gravures.

PAYS DES MAGYARS (LE), Voyage en Hongrie. Ouvrage adapté de l'anglais par A. Chevalier; 37 gravures.

PILOTE (LE), de Fenimore Cooper. Adaptation et réduction à l'usage de la jeunesse, par A.-J. Hubert; 24 gravures sur bois, d'après les dessins de Brun.

PIRATES DE LA MER ROUGE (LES), Souvenirs de voyage, par Karl May; traduit de l'allemand, par J. de Rochay; 23 gravures.

POLE SUD (LE), par Harold; 26 gravures.

PRAIRIE (LA), de Fenimore Cooper. Adaptation et réduction à l'usage de la jeunesse, par A.-J. Hubert; 24 gravures sur bois hors texte.

ROCHE-YVOIRE (LA), suivi de : SANS BERCAIL, par Marguerite Levray; 21 grav.

ROI DES REQUINS (LE), suivi de : UN BRELAN AMÉRICAIN, L'ANAÏA DU BRIGAND, par Karl May. Traduit de l'allemand par J. de Rochay; 15 gravures sur bois, d'après Férat et Mouchot.

ROME, ses églises, ses monuments, ses institutions, par M. l'abbé Roland, chanoine honoraire de Tours, membre de la société archéologique de Touraine, etc.; 34 gravures.

SAINT LOUIS, SON GOUVERNEMENT ET SA POLITIQUE, par Lecoy de la Marche; 29 gravures.

SUR TERRE ET SUR L'EAU, Voyage d'exploration dans l'Afrique orientale, par Mgr Le Roy, de la congrégation du Saint-Esprit et du Saint-Cœur de Marie, vicaire apostolique du Gabon; 102 gravures.

TESTAMENT DU CORSAIRE (LE), Aventures de terre et de mer, par Edmond Neukomm et Gaston Dujarric; 27 gravures.

UN TOUR EN SUISSE, par Jacques Duverney; 46 gravures.

UNE VISITE AU PAYS DU DIABLE, Souvenirs de voyage, par Karl May; traduit par J. de Rochay; 23 gravures.

VIES DES SAINTS POUR TOUS LES JOURS DE L'ANNÉE, avec une pratique de piété pour chaque jour; 365 gravures, d'après les dessins de Rahoult.

VOYAGES DANS LE NORD DE L'EUROPE : UN TOUR EN NORVÈGE, UNE PROMENADE DANS LA MER GLACIALE (1871-1873), par Jules Leclercq; 17 gravures.

FORMAT GRAND IN-8° CARRÉ

(VOLUMES DE 304 PAGES, MESURANT 26 × 18)

Chaque volume est orné de nombreuses gravures.

Broché, couverture en couleurs	2	»
Riche cartonnage, imitation de toile, tranche jaspée	2	50
Riche cartonnage, imitation de toile, tranche dorée.	2	90
Percaline gaufrée, riches ornements, tranche dorée.	3	50

8 volumes dans la collection.

DIX ANS DE HAUT-TONKIN, par L. Girod; 80 gravures.

ÉTÉ DE LA SAINT-MARTIN (L'), Souvenirs et rêveries du soir, par le marquis de Ségur; 22 gravures.

★ **FIDÉLINE**, par Julie Lavergne; 20 gravures.

★ **INDUSTRIES BIZARRES**, par Paul Bory; 57 gravures.

★ **MES AVENTURES ET MES VOYAGES DANS L'ASIE CENTRALE**, par Arminius Vambéry, traduit de l'allemand par V. Tissot; 20 gravures sur bois.

★ **PREMIERS SIÈCLES DU CHRISTIANISME** (LES), par Ferdinand Grimont; 40 gravures.

SAINTE GENEVIÈVE ET SON TEMPS; 30 gravures et une carte.

YANKEES ET CANADIENS, Impressions de voyage en Amérique, par L. Lacroix, 1er aumônier du lycée Michelet: 28 gravures.

FORMAT GRAND IN-8° — 2e SÉRIE

(VOLUMES DE 240 PAGES, MESURANT 25 × 16)

Chaque volume est orné de nombreuses gravures.

Broché, couverture en couleurs	1	50
Riche cartonnage, imitation de toile, tranche jaspée.	2	»
Riche cartonnage, imitation de toile, tranche dorée	2	40
Percaline gaufrée, riches ornements, tranche dorée.	3	»

52 volumes dans la collection.

AGNÈS DE LAUVENS, ou Mémoires de sœur Saint-Louis, recueillis et publiés par Louis Veuillot.

A LA FERME DES GRANDES-ROCHES, récit de veillées, par F.-A. Robischung.

ALSACE (L'), Souvenirs de la guerre de 1870-1871, par Guy Delaforest.

ANNIE DE KERVALLEC, par Pierre d'Arlay..

A TRAVERS MADAGASCAR INSURGÉE, Voyage et Aventures d'un aérostat, par Léo Dex et M. Dibos.

AUTOUR DE LA MEUSE ET DE L'ESCAUT, par Lucien Vigneron.

AUX PYRÉNÉES ET AUX ALPES, Voyages de vacances, par M. l'abbé Victor Martin.

BERTRAND DU GUESCLIN (histoire de), comte de Longueville, connétable de France; d'après Guyard de Berville.

BRUNO, ou les Chasseurs d'ours, par le capitaine Mayne-Reid; traduit de l'anglais par Marie Guerrier de Haupt.

CHATELAINES DE ROUSSILLON (les), ou le Quercy au XVIᵉ siècle, par Mᵐᵉ la comtesse de la Rochère.

DERNIERS AUSTRALIENS (les), par C. Améro.

DERNIER DES MOHICANS (le), de Fenimore Cooper. Adaption et réduction à l'usage de la jeunesse, par A.-J. Hubert.

EN CAPTIVITÉ CHEZ LES PIRATES TONKINOIS, par H. de Mathuisieulx.

EN FAMILLE, livre de lecture, par MM. Victor Coupin, ancien chef d'institution, auteur de divers ouvrages d'éducation, et Albert Renouf, élève de l'École normale, ancien professeur de l'Université.

ENFANTS DE PARIS (les), Esquisses d'après nature, par le marquis de Ségur.

ENFANT SANS NOM (l'), par Marie de Grandmaison, officier d'Académie.

ÉTATS-UNIS ET LE CANADA (les), par Xavier Marmier, de l'Académie française.

EXILÉS DANS LA FORÊT (les), Aventures d'une famille péruvienne au milieu des déserts de l'Amazone, par le capitaine Mayne-Reid; traduit de l'anglais par Marie Guerrier de Haupt.

★ **GRANDS MISSIONNAIRES FRANÇAIS AU XIXᵉ SIÈCLE** (les), par Edme de Saint-Marcel.

HORS LA LOI, par Ariste Excoffon.

IMPRESSIONS ET SOUVENIRS D'UN VOYAGEUR CHRÉTIEN, par Xavier Marmier, de l'Académie française.

JACK LE PATRIOTE, par Sylva Consul.

JEUNES CHASSEURS DU NORD (les), par le capitaine Mayne-Reid, traduit de l'anglais par Marie Guerrier de Haupt.

JOSEPH HAYDN, Scènes de la vie d'un grand artiste; traduit de Franz Seebourg, par J. de Rochay.

MADEMOISELLE DE LA GUETTIÈRE, par Marguerite Levray.

MARÉCHAL PÉLISSIER (le), duc de Malakoff, par P. F., professeur d'histoire.

MES PRISONS, ou Mémoires de Silvio Pellico, traduit par l'abbé J.-J. Bourassé.

MINA, ou les Épreuves d'une vie d'enfant; imité de Paul Hermann, par J. de Rochay.

NAUFRAGÉS AU SPITZBERG (les), ou les Salutaires effets de la confiance en Dieu, par L. F.

NINETTE BURATON, par Mˡˡᵉ Jeanne Ferrier.

ORPHELINE DE MOSCOU (l'), ou la Jeune Institutrice, par Mᵐᵉ Woillez.

PATRICE HERROLD, par Charles Legrand.

PÈLERINAGES DE SUISSE (les), par Louis Veuillot.

PERSONNES ET CHOSES, par le marquis de Ségur.

PERVENCHE LENOIR, Nouvelle, par M. l'abbé J. Dominique.

PETITS ET GRANDS PERSONNAGES, par le marquis de Ségur.

★ **PETITE** (LA), par Georges Pradel; illustrations de Alfred Paris.

PEUPLES ÉTRANGES, Description des races humaines les plus singulières, par le capitaine Mayne-Reid; traduit de l'anglais par Marie Guerrier de Haupt.

PORTRAITS ET NOTICES HISTORIQUES, par Mme Bourdon.

PROMENADES DANS LES PYRÉNÉES, par Jules Leclercq.

PUPILLE DE SALOMON (LA), par Mlle Marthe Lachèse.

ROME ET LORETTE, par Louis Veuillot.

SAINT VINCENT DE PAUL (VIE DE), par Jean Morel.

SERMENT (LE), ou l'Ambition stérile, épisode de la guerre d'Amérique (1861-1865); imité de l'anglais par Adam de l'Isle.

SIAM ET LES MISSIONNAIRES FRANÇAIS (LE), par Adrien Launay, de la Société des Missions étrangères.

TROIS LOUPS DE MER (LES), Roman historique, par Lucien Darville.

TUEUR DE DAIMS (LE), de Fenimore Cooper. Adaptation et réduction à l'usage de la jeunesse, par A.-J. Hubert. Un volume orné de 24 gravures sur bois, d'après les dessins de Brun, Clair-Guyot et Zier.

UNE FAMILLE DANS LE DÉSERT, par le capitaine Mayne-Reid; traduit de l'anglais par Marie Guerrier de Haupt.

UN FRANÇAIS DANS LA FLORIDE, notes de voyage, par Edmond Johannet.

UN GRAND CHANCELIER. — PIERRE DES VIGNES. — Récit historique, par le docteur Mathias Hœhler; traduit de l'allemand par J. de Rochay.

UNE TOURNÉE PASTORALE EN NORVÈGE, par Mgr Fallize, évêque d'Elusa et vicaire apostolique de la Norvège. Extrait des *Missions catholiques*.

VOYAGE A CEYLAN, par Franz Hoffmann; traduit, avec l'autorisation de l'auteur, par Mlle A. Simons.

FORMAT GRAND IN-8° — 3ᵉ SÉRIE

(VOLUMES DE 160 PAGES, MESURANT 25 × 16)

Chaque volume est orné de nombreuses gravures.

Broché, couverture en couleurs. 1 15
Riche cartonnage, imitation de toile, tranche jaspée. 1 50
Riche cartonnage, imitation de toile, tranche dorée. 1 70

45 volumes dans la collection.

AIMÉE ROBERT, par Mlle Marie Poitevin.

ARTS DE LA JEUNE FILLE (LES), par Arsène Alexandre.

BRIMBORION, Histoire d'un mousse, par Roger Dombre.

CHATELAINS DE COURTHENOY (LES), par Marguerite Levray.

CINQ VERTUS DE TANTE ZABETH, par Aimé Giron.

CLAIRE D'ALVINIÈRE, par E. Pinson.

CLERGÉ SOUS LA TERREUR (LE), par François Bournand.

DENISE LAUGIER, par Marthe Bertin.

DETTE DES ROBERT (LA), par Mlle Marthe Lachèse.

DOUGLAS LE PIRATE, traduit de l'anglais par Massé-Viollet.

DRAMES DE LA MER (LES), par Cinq-Étoiles.

ENFANTS BIEN ÉLEVÉS (LES), par Mme la comtesse de Ferry.

EN ROUTE POUR LA BAIE D'HUDSON, par M. Proulx, missionnaire dans le vicariat apostolique de Pontiac.

ENTRE BOHÉMIENS, par Mme la comtesse André de Beaumont.

ÉTUDES ET SOUVENIRS, par M. l'abbé Barbier.

FÉBRONIA, par l'abbé Stanislas Berthier.

FÊTE DES CERISES (LA), Récit historique, adaptation de l'allemand par Delauney du Dézen.

GRANDE DAME, Histoire véritable, adaptée de l'allemand par Delauney du Dézen.

GRENIER DE LA VIEILLE DAME (LE), par Mlle Louise Mussat.

HÉRITAGE DE TANTE MANON (L'), par Pierre Ficy.

HÉRITIÈRE DE PULCHÉRIE (L'), par Marie de Villemane.

HÉROS PRÉCOCES, par Mme Marie de Grandmaison.

INVENTIONS ET DÉCOUVERTES, ou les Curieuses origines, par E. Soulanges.

JALOUSE, ou la Conversion de Loulou, par Mlle A. Alhix.

JOURNAL D'UNE PENSIONNAIRE (LE), par Mlle A. Alhix.

KARL ET TRINETTE, par Mme Louise de Bellaigue, née de Beauchesne.

MARGUERITE OU MARGOT? par Marie Leconte.

★ **MOULIN DE LA LANDE** (LE), par P.-M. Vrignault.

MUGUETTE L'INDIENNE, ou les Amis de la France au Canada, par Georges Bremond.

★ **MUSIQUE EN FRANCE AU XIXᵉ SIÈCLE** (LA), par Paul Gabillard.

NOBLES CŒURS (LES), Souvenirs historiques, par Mme Alicie Sauquet.

PÊCHE ANECDOTIQUE (LA), par Pierre Bonnefont.

PIÉTÉ FILIALE ET FRATERNELLE, par F. P. B.

PORTRAITS JAUNES, Coréens, Japonais, Chinois; — SCÈNES DE LA VIE CHINOISE, par M. l'abbé Lucien Vigneron.

QUARTERONNE (LA), par W. Herchenbach; traduit de l'allemand par Mlle Simons.

RÉCITS D'UN OFFICIER D'AFRIQUE, par le capitaine Blanc.

ROBINSON RUSSE (LE), par Marc Anfossi, officier de l'Instruction publique.

ROI D'UN JOUR (LE), Esquisse de la vie française au XVᵉ siècle, par Florence Wilford; traduit de l'anglais, avec l'autorisation de l'auteur, par J. de Clesles.

SIMPLICITÉ GRIMSEL, par Mlle Louise Mussat.

SORTIE DE PENSION (LA), Conseils aux jeunes filles, par Mme Marie de Grandmaison, officier d'Académie, lauréat de l'Académie française.

SOUVENIRS DE GUERRE, par le commandant Blanc.

TROP FAIBLE, par Marthe Bertin.

VACANCES DE GABRIELLE (LES), par Marie Leconte.

VERS LE BIEN, par M. Themer.

VIEUX MAGISTER (LE), de Hauffmann, adaptation par Delauney du Dézen.

FORMAT GRAND IN-8⁰ — 4ᵉ SÉRIE

(VOLUMES CARRÉS DE 144 PAGES, MESURANT 23 × 16)

Chaque volume est orné de nombreuses gravures.

Broché . . . . » 95
Riche cartonnage, imitation toile, tranche jaspée . . . 1 25
Riche cartonnage, imitation toile, tranche dorée. . . 1 45

20 volumes dans la collection.

ALEXANDRIE AU CAIRE (D'), par Victor Fournel.

AMBITION DE GERMAINE (L'), Journal d'une sœur aînée, par Pierre du Château.

BERNARDINE, par Henry Frichet.

CROQUIS DE GRÈCE ET DE TURQUIE (1896-1897), par Henri Avelot.

★ **DUC D'AUMALE** (LE), prince, soldat, UN GRAND SEIGNEUR AU XIXᵉ SIÈCLE.

DOUZE CÉSAR (LES), par Roger Dombre.

FILLE DU BRAHMANE (LA), par Delauney du Dézen.

GÉNÉRAL BOURBAKI (LE), par François Bournand, ancien élève de l'école des hautes Études, lauréat de l'Institut et de la Société nationale d'encouragement au bien, professeur à l'École professionnelle catholique.

GEORGETTE, par Mˡˡᵉ Marguerite Levray.

GUY MAIN-ROUGE, suivi de : EL AMBAJADOR ; — L'EXPIATION DE SALOMÉ ; — LA CROIX SANGLANTE, par Charles Buet.

HÉRITIER DU DUC JEAN (L'), par Champol.

LÉGENDE DU MONT PILATE (LA), suivi de : LE NOEL DE BÉBÉ VICTOR ; — LE DERNIER JOUR DE PHTA-NEHI ; — HISTOIRES A DORMIR DEBOUT ; — LES SEPT CHAMBRES DU DIABLE, par Charles Buet.

NOUVELLE PATRIE, per Charles Vincent.

SACRIFIÉE, par la comtesse de Beaumont.

★ **SŒURS DE GRANDS HOMMES,** par Mᵐᵉ Marie de Grandmaison, officier d'Académie.

SOUVENIRS DE CORSE, par Mᵐᵉ J. Beaulieu-Delbet.

★ **SOUVENIRS DU BEAU PAYS DE SAINT FRANÇOIS D'ASSISE,** par l'abbé Contenson, curé de Notre-Dame des Ardres.

UNE FAMILLE D'ÉMIGRÉS, par J. Gournay.

UNE FRANÇAISE CHEZ LES SAUVAGES, par Mᵐᵉ Goussard de Mayolle.

UN HÉROS DE LA SCIENCE MODERNE.

BIBLIOTHÈQUE

DE LA

JEUNESSE CHRÉTIENNE

FORMAT GRAND IN-8º

POUR LES CLASSES SUPÉRIEURES

(VOLUMES DE 368 PAGES, MESURANT 25 × 16)

Chaque volume est orné de plusieurs gravures.

Broché. 3 50
Percaline, reliure de bibliothèque, tranche jaspée. . . 5 »

16 volumes dans la collection.

CARACTÈRES DE LA BRUYÈRE (LES). Illustrations de V. Foulquier.

CARDINAL LAVIGERIE ET SES ŒUVRES D'AFRIQUE (LE), par l'abbé Félix Klein, professeur à l'Institut catholique de Paris.

CHANSON DE ROLAND (LA). Traduction précédée d'une introduction et accompagnée d'un commentaire, par Léon Gautier, membre de l'Institut, professeur à l'École des chartes. Ouvrage couronné par l'Académie des inscriptions et belles-lettres.

CHARITÉ CATHOLIQUE EN FRANCE AVANT LA RÉVOLUTION (LA), par A. Loth.

FRANCE SOUS PHILIPPE-AUGUSTE (LA), par Léon Gautier.

IMITATION DE JÉSUS-CHRIST, augmentée de réflexions, par Mgr Darboy. Très beau volume avec larges encadrements noirs.

INDO-CHINE, Souvenirs de voyages et de campagnes (1858-1860), par le colonel de Ponchalon.

LÉGENDES RÉVOLUTIONNAIRES, par Edmond Biré.

MAITRES DE LA POÉSIE FRANÇAISE (LES), par Marius Sepet.

NOS SAVANTS, d'après leurs éloges académiques, par l'abbé Loridan.

ORAISONS FUNÈBRES DE BOSSUET (LES), suivies du Sermon pour la profession de Mme de la Vallière, du Panégyrique de saint Paul et du Sermon sur la vocation des Gentils; avec des notices par M. Poujoulat. Illustrations de V. Foulquier.

PETITS CHEFS-D'ŒUVRE DES CONTEURS FRANÇAIS (Extraits), par E. Ragon.

UN HOMME D'ŒUVRES, Ferdinand-Jacques HERVÉ-BAZIN (1847-1889).

UN SEIGNEUR AU XIIIᵉ SIÈCLE, Jean de Joinville, par le R. P. Bouttié, de la Compagnie de Jésus.

VIE CHARITABLE DE M. DE MELUN, fondateur de l'Œuvre des apprentis et des jeunes ouvrières, par Alexis Chevalier.

VIE DE SAINT MARTIN, évêque de Tours, apôtre des Gaules, par A. Lecoy de la Marche.

FORMAT IN-8° — 2ᵉ SÉRIE

(VOLUMES DE 240 PAGES, MESURANT 22 × 14)

Chaque volume est orné de plusieurs gravures.

Broché, couverture en couleurs. . . . . 1 »
Riche cartonnage, imitation de toile, tranche jaspée. 1 35
Riche cartonnage, imitation de toile, tranche dorée. 1 60
Percaline, riches ornements en noir et or, tranche dorée 2 20

47 volumes dans la collection.

A BORD D'UN NÉGRIER, épisode de la vie maritime, tiré des *Voyages et Aventures* de L. Garneray.

ALDA, L'ESCLAVE BRETONNE, traduit de l'anglais par Mᵐᵉ L. de Montanclos.

AU TEMPS PASSÉ, Chroniques, par Marthe Lachèse.

BELLE OLONNAISE (LA), par Lucien Darville.

BENVENUTA, ou les Couleurs de l'arc-en-ciel; adapté de l'anglais d'Emma Marshall, par Francis Ergil.

BONHEUR DANS LE DEVOIR (LE), par Mᵐᵉ L. Boïeldieu-d'Auvigny.

BRETAGNE ET GRANDE-BRETAGNE, ITALIE ET SICILE (1879-1883), par l'abbé Lucien Vigneron.

CHEVAUCHÉE EN PALESTINE, par Léonie de Bazelaire.

CHRISTIANISME EN ACTION (LE), Choix de nouvelles, par E. de Margerie.

CINQ ÉPÉES, BESSIÈRES, RADETZKY, DE GONNEVILLE, DAGOBERT ET DUGOMMIER, LEE, par le général Ambert.

CŒUR LOYAL, par Mˡˡᵉ Marie Guerrier de Haupt.

CONGO (LE), par Emmanuel Ratoin.

CONVERTIS CÉLÈBRES DU SIÈCLE DANS LE SACERDOCE (LES), par J. Argantel.

DEUX CHEMINS DU PARADIS (LES), Lettres de jeunes filles sous le règne de Dioclétien, par Gérald-Montméril.

DEUX COUSINES, par Mᵐᵉ Colette.

ENFANT GATÉE, par Marguerite Levray.

FEU DU CIEL (LE), histoire de l'électricité et de ses principales applications, par Arthur Mangin. Nouvelle édition, revue et mise au courant des récentes découvertes de la science, par H. G***.

FOI ET COURAGE, Notices sur quelques élèves de l'école Sainte-Geneviève tués à l'ennemi, par le R. P. Chauveau, de la Compagnie de Jésus.

FRANCE CATHOLIQUE EN ÉGYPTE (LA), par Victor Guérin, agrégé et docteur ès lettres, chargé de nombreuses missions scientifiques en Afrique et en Orient.

FRANCE CATHOLIQUE EN TUNISIE (LA), A MALTE ET EN TRIPOLITAINE. Établissements religieux fondés ou protégés par la France, par Victor Guérin, agrégé et docteur ès lettres, chargé de nombreuses missions scientifiques en Afrique et en Orient.

HISTOIRES VRAIES, par le marquis A. de Ségur.

ISABELLE LE TRÉGONNEC, par Marguerite Levray.

JOURNAL D'UN ADOLESCENT (LE), Livre de lecture, par MM. Victor Coupin et Albert Renouf.

LOUISE MURAY, par A. Desves.

MAC-MAHON, le Chevalier sans peur et sans reproche, par Léon Laforge, membre de l'Académie d'Angers, de la Société d'histoire contemporaine de Paris, de la Société bibliographique.

★ **MARÉCHAL LANNES** (LE), duc de Montebello, prince souverain de Sievers (Pologne). Résumé de sa vie par son petit-fils Charles Lannes, duc de Montebello.

MARIAGE DE RENÉE (LE), par Marthe Lachèse, précédé d'une lettre de S. G. Mgr l'évêque d'Évreux.

MARIE-ANTOINETTE, REINE DE FRANCE (HISTOIRE DE), par J.-J.-E. Roy.

MARIE DE BOURGOGNE, par Mlle A. Gerbier.

ORPHELINE DE ROCHNIVELEN (L'), par Marie de Harcoët.

PAPES (LES), par le P. Marin de Boylesve, S. J.

PAUVRES ET RICHES, par Mme O. des Armoises.

PETITE TZIGANE (LA), ou l'Enfant perdue et retrouvée, par Louise Hautières.

REINE-MARGUERITE, ou une Famille chrétienne, par Mlle A. Desves.

SCIENCE A TRAVERS CHAMPS (LA), par Mlle Marie Maugeret.

SECRET DE FEU BERNARD (LE), par Arthur de Jancigny.

SEM, CHAM ET JAPHET, Voyage dans trois parties du monde, par M. l'abbé Lucien Vigneron.

SIMPLES HISTOIRES, par le marquis A. de Ségur.

SOLDAT ET APOTRE, par M. de Miramont.

SOLDATS FRANÇAIS (LES), par le général baron Ambert.

SOUVENIRS D'UN OFFICIER DE CHASSEURS A PIED. Extrait des Notices sur les élèves de l'école Sainte-Geneviève tués à l'ennemi.

SUR LES BORDS DU FLEUVE ROUGE, par Louis d'Estampes.

TEBSIMA, ou l'Exilé du désert, récits historiques et légendaires, par M. E. B***.

TRAPPEURS DU WYOMING (LES), par F.-J. Pajeken, traduit de l'allemand par Louis de Hessem.

UN RÉGENT D'ÉCOLE, tableau de mœurs strasbourgeoises à la fin du xviiie siècle, par Arthur de Jancigny.

VALÉRIE DE LIGNEUIL, par Mme la Csse de Tilière, auteur de *Marie ou l'Ange de la terre*, de *Laure et Anna*, etc.

VRAI PATRIOTISME (LE), Notices sur quelques élèves de l'école Sainte-Geneviève tués à l'ennemi, par le R. P. Chauveau, de la Compagnie de Jésus.

FORMAT IN-8° — 3e SÉRIE

(VOLUMES DE 192 PAGES, MESURANT 22 × 14)

Chaque volume est orné de plusieurs gravures.

Broché, couverture en couleurs. » 75
Riche cartonnage, imitation de toile, tranche jaspée . . . . 1 »
Riche cartonnage, imitation de toile, tranche dorée. 1 25

41 volumes dans la collection.

AMIES D'ENFANCE, par Mme S. de Lalaing.

AU PAYS DES WOLOFFS, Souvenirs d'un traitant du Sénégal, par Joseph du Sorbiers de la Tourrasse.

BERTHE, ou les Suites d'une indiscrétion, par Mme L. Boïeldieu-d'Auvigny.

BLANCHE DE MARSILLY, Épisode de la révolution, par M. Albert Richard.

BOUGAINVILLE, par J.-J.-E. Roy.

BUCHERON DE LA VIEILLE MONTAGNE (LE), par Robischung.

CASSILDA, ou la Princesse maure de Tolède, d'après une légende espagnole, imité de l'allemand par M. l'abbé G. A. L.

CHRÉTIENS ET HOMMES CÉLÈBRES AU XIXe SIÈCLE, par l'abbé A. Baraud. Première série.

CHRÉTIENS ET HOMMES CÉLÈBRES AU XIXe SIÈCLE, par l'abbé A. Baraud. Deuxième série.

CHRÉTIENS ET HOMMES CÉLÈBRES AU XIXe SIÈCLE, par l'abbé A. Baraud. Troisième série.

CONDAMNÉ VOLONTAIRE (LE), Roman judiciaire, par A. Jungst; traduit de l'allemand par J. de Rochay.

CONFESSIONS D'UN MENDIANT (LES), suivi de : LE GARDE-FOU, — LES CONTES DU TROUVÈRE, — UNE PARISIENNE EN LIMOUSIN, — LE TRÉSOR DE SAINT-SÉBASTIEN, par Jean Grange.

DANS LA BROUSSE, Aventures au Tonkin, par H. Méhier de Mathuisieulx.

ÉDUCATION D'YVONNE (L') [Dix ans], par Mlle Julie Gouraud.

ÉGLISE AFRICAINE ANCIENNE ET MODERNE (L'), par Jean de Prats.

EN BRETAGNE, par Ch. de la Paquerie.

FÉE DE LA MAISON (LA), par Marthe Bertin.

FERMIÈRE DE KERSAINT (LA), nouvelle villageoise, par E. Delauney.

★ **HIRONDELLE** (L'), suivi de : PHILÉMON ET BAUCIS, — CISKA DE CLERCY, — LES BRUYÈRES DE FRÈRE JEAN, par Mme Julie Lavergne.

HISTOIRE D'UNE JEUNE FILLE PAUVRE, par Théodore Bahon.

IVAN KRAPOUNIOFF, par Colette Yver.

JEAN BART, par Frédéric Kœnig.

JOUR DE NAISSANCE (LE), traduit de l'anglais par Jacques d'Albrenne.

LAURENTIA, épisode de l'histoire du Japon au XVIe siècle, par lady G. Fullerton; traduit de l'anglais par W. Fitz-Gerald.

LILI, par Susanne de Cocquard.

MANUSCRIT D'UNE FEMME AIMABLE (LE), Souvenirs de jeunesse racontés par une vieille dame, par Remy d'Alta-Rocca.

MARCELLE LE BLÉZEC, par Mlle Marguerite Levray.

MARCHAND D'ANTIQUITÉS (LE), par E. Delauney.

MARIETTA, par W. Herchenbach; traduit, avec l'autorisation de l'auteur, par Mlle Simons.

MARTIN PÈRE ET FILS, par E. Delauney du Dézen.

MEILLEURE PART (LA), Scènes de la vie réelle, par Mme V. Vattier.

MES BELLES ANNÉES, Tablettes d'une jeune fille, par Théodore Bahou.

MÉTAYER DU ROSSBERG (LE), par F.-A. Robischung.

PEAU-DE-MOUTON, par Roger Dombre.

RÉCITS DU XVIIe SIÈCLE, Histoires et anecdotes, par Mme Marie-Félicie Testas.

RÉGISVINDIS, légende carolingienne, par Paul Lang; traduit par Louis de Hessem.

SUR LA ROUTE DU POLE, par Léo Dex.

TOUT SEULS, par Pierre Ficy.

TROP SAVANTE, par Lucien Darville.

UNE HISTOIRE DE CIRQUE, par Mme la C^{sse} André de Beaumont.

VACANCES D'YVONNE (LES) [Douze ans], par Mlle Julie Gouraud, auteur des *Mémoires d'une poupée*, etc.

FORMAT IN-8° — 4e SÉRIE

(VOLUMES DE 168 PAGES, MESURANT 22×14)

Chaque volume est orné de plusieurs gravures.

Broché. . . . . » 65
Riche cartonnage, imitation de toile, tranche jaspée . . . . » 80
Riche cartonnage, imitation de toile, tranche dorée. 1 05

36 volumes dans la collection.

AGNELLE, par Marguerite Levray.

ALLEMAGNE FRANÇAISE (L'), par M. l'abbé Lucien Vigneron.

AÎNÉ DE VEUVE, par H. de Courrèges.

ANCIENS GLACIERS (LES), par A. de Lapparent.

ARC-EN-CIEL (L'), suivi de : DEUX FLEURS, — LE PAVOT BLEU, — LE LIED DU CIEL, — LE VERNIS DES AMATI, — LES ROSES DE PROVINS, — LA CHANSON DE NUIT DU VOYAGEUR, — LA DENTELLE DES SIRÈNES, par Mme Julie Lavergne.

BLUETTE ET COQUELICOT, conte instructif pour les enfants, par Maurice Barr; illustration par Bertall.

BRODEQUIN DE TALMA (LE), par Mme de Bellaigue.

CATASTROPHES CÉLÈBRES (LES), par H. de Chavannes de la Giraudière.

CHARITÉ (LA), par Mme Bourdon.

CIGALE OU FOURMI? par Marthe Bertin.

COURAGE D'ALICE (LE), suivi de : LE PAPILLON BLEU, par Mme Colette.

DAME EN BOIS (LA), Histoire d'un ventriloque, de sa fille et de ses poupées, par Roger Dombre.

DANIEL BONTOUT, par MM. Albert Rénouf, ancien élève de l'école normale supérieure, ancien professeur de l'Université ; et Victor Coupin, auteur de divers ouvrages d'éducation.

DIMANCHE EN ACTION (LE), par M. Fénelon Gibon, auteur de *la Croisade* et de *la Nécessité du Dimanche*.

ERMITE DE CLAMART (L'), par Nemours Godré.

FIANÇAILLES D'ODILE (LES), par Ch. Dubois.

FLEURS DE FRANCE, Chroniques et légendes, par Mme Julie O. Lavergne.

★ **FLEURS DU MARTYRE**, par Edme de Saint-Marcel.

HÉRACLE, par Vassel de Fautereau.

LAC AUX HUITRES (LE), d'après l'allemand de Herchenbach, par l'abbé Gobat.

LEÇONS DE CHOSES MORALES, par Élise Nolsenef.

LYDIE DARTEL, histoire contemporaine, par Mme Julie Lavergne.

MILLIONNAIRE ET BALAYEUR, d'après l'allemand de Herchenbach, traduit, avec l'autorisation de l'auteur, par l'abbé Gobat.

MON ÉVASION DES PONTONS, Épisode tiré des *Neuf années de captivité* de Louis Garneray, peintre de marine.

ONCLE KASPER (L'), Souvenirs d'Alsace-Lorraine, par E. Delauney du Dézen.

PETITE-JOYEUSE, par Marguerite Levray.

PETITS LAROCHE (LES), par Marthe Bertin.

PIERRE, PAUL ET JACQUES, suivi de : L'EX-GENDARME JOLLIVERT, — LE PARAPLUIE DE TANTE SUZON, — L'HABIT DU PROFESSEUR, — L'ASSASSINAT DU PONT-ROMPU, par Jean Grange.

PROFILS PARISIENS, par Cat.

ROSE-DE-MAI, ou la Puissance de l'éducation religieuse, par Stéphanie Ory.

ROSE FERMONT, ou un Cœur reconnaissant, par Mme Vattier.

SCÈNES ET RÉCITS, par Jean Grange.

SCIENCE DU BONHEUR (LA), par Mme Bourdon.

SOURIS, par Mlle Louise Mussat.

TRÉSOR DU SOUTERRAIN (LE), par Jean Grange.

UNE GERBE D'HISTOIRES, par Marie Franc.

FORMAT PETIT IN-8° — 1re SÉRIE

(VOLUMES DE 144 PAGES, MESURANT 21 × 13)

Chaque volume est orné de plusieurs gravures.

Broché.	» 50
Riche cartonnage, chromo avec reliefs, tranche blanche.	» 65
Riche cartonnage, imitation de toile, tranche jaspée	» 65
Riche cartonnage, imitation de toile, tranche dorée.	» 90

35 volumes dans la collection.

A LA MER, par Mme Riboulet.

A NEUF ANS, par l'auteur de *Quand j'étais petite fille;* traduit de l'anglais par Mme C. Deshorties de Beaulieu, illustré par Frölich.

BRIGANDS DE MARATHON (LES), par E. Watbled.

DEUX SŒURS (LES), suivi de : UNE AVENTURE EN POLOGNE, imité de l'anglais, par Adam de l'Isle.

DOUZE HISTOIRES, par Marie Guerrier de Haupt.

DUMONT D'URVILLE, par Fr. Joubert.

FAMILLE ET PATRIE, par Mme de Fallois.

FÉE DES ROCHES-GRISES (LA), par Mme A. Ferrand.

★ **FILLE DE MA FILLE** (LA), par Pierre du Château.

GRAND'MÈRE DE GILBERTE (LA), suivi de : LA MADONE DE MAILLERAS, par Mlle des Ages.

GRANDS AGRICULTEURS MODERNES (LES) : OLIVIER DE SERRES, DUHAMEL-DUMONCEAU, PARMENTIER, MATTHIEU DE DOMBASLE, par Mme la C^{sse} Drohojowska.

GRANDS INVENTEURS MODERNES (LES) : Télégraphie (AMONTONS, — CHAPPE, — AMPÈRE, — MORSE, — BABINET, — SUDRE), par Mme la C^{sse} Drohojowska.

GRAND TALENT ET GRAND CŒUR, Nouvelle historique d'après des documents inédits, par Gustave Vallat.

HENRIETTE, ou Piété filiale et Dévouement fraternel, par Stéphanie Ory.

HÉROS INCONNUS, par le capitaine Blanc.

HISTOIRE DE TANTE DOROTHÉE, par Marie-Ange de T***.

JOURNAL DE JULIE (LE), par M. Colonna.

MARIANNE, ou le Dévouement, par Marie-Ange de T***.

MÉNÉTRIER DE SAULEVILLE (LE), par Mme Julie Lavergne.

MIRALDA LA PETITE NÉGRESSE, ou le Rossignol noir de la Havane, d'après l'allemand de Herchenbach, par l'abbé Gobat.

MOZART, ou la Jeunesse d'un grand artiste, par Étienne Gervais.

NAVIGATION AÉRIENNE, par Arthur Mangin; nouvelle édition, entièrement refondue et mise au niveau des connaissances actuelles.

NOCES D'OR DU GRAND'PÈRE (LES), par Jean Grange.

OISEAUX ET FLEURS, par Mme Henri Langlois.

PETIT DUC (LE), ou Richard sans Peur, par l'auteur de *l'Héritier de Redclyffe*, traduit de l'anglais par Mme Charles Deshorties de Beaulieu.

POUCETTE, imité de l'anglais par Camille de Saint-Aubin.

RÉCITS AMÉRICAINS, par M. Xavier Marmier, de l'Académie française.

RÉCITS DE LA GRAND'MÈRE (les), par Hoffmann.

SAVANT A L'ÉCOLE (le), suivi de : Madame Guimauve, — la Cloche, — le Premier voyage d'Hermann Trotter, — Sonate en ut mineur, — le Chêne de Rocheboise, par Julie Lavergne.

SIMPLES RÉCITS, par A. de Thilma.

TATIANA DOUKOF, par Marthe Bertin.

THOMAS MOORE ET SON ŒUVRE IMMORTELLE, par Gustave Vallat.

TROIS HOMMES DE CŒUR, Larrey, Daumesnil, Desaix, par le général Ambert.

UNE DETTE DE CŒUR, par Camille d'Arvor.

VANDA, Journal d'une Petite-Russienne, par Marie Guerrier de Haupt.

FORMAT PETIT IN-8° — 2e SÉRIE

(volumes de 96 pages, mesurant 21 × 13)

Chaque volume est orné de plusieurs gravures.

Riche cartonnage, chromo avec reliefs, tranche blanche. . . . . . . » 50
Riche cartonnage, imitation de toile, tranche jaspée. . . . . » 50

34 volumes dans la collection.

ABANDONNÉE, par E. Y.

ANNETTE, ou la Petite ménagère, par Marie-Ange de T***.

BAPTÊME DE FEU, par Louise Mussat.

BONNE D'ENFANTS, histoire d'un éléphant, par Roger Dombre.

CADEAUX DE LA TANTE ZOÉ (les), suivi de : le Titre perdu; imité de l'anglais, par Adam de l'Isle.

CAPORAL SANS-PEUR (le), suivi de : Récompense d'une bonne action, — Pour la patrie, — Sur la côte normande, — Victor le Menteur, — La leçon de Frantz, par Mme de Paloff.

CHAMBRE DE VERRE (la), par Roger Dombre.

CHEZ LES PEAUX-ROUGES, récits de chasse, par Bénédict-Henry Révoil.

CONSTANCE DE BLANCHEVILLE, Récit historique. Adaptation par E. Delauney du Dézen.

DÉCEPTIONS DE SARA (les), par E. Delauney du Dézen.

DÉFAUTS ET VERTUS, par Mme Félicie Testas.

DEUX SŒURS DE LAIT (les), par Gustave Vallat.

DOCTEUR BERNARD (le), suivi de deux nouvelles, par Alexis Muenier.

FIANCÉE DU ROMAIN (la), traduit de l'allemand par Mlle Simons.

FILLES DU LAPIDAIRE (les), par Maurice Barr.

FOLLA, par Roger Dombre.

HISTOIRE D'UN PETIT MUSICIEN, par E. Mathieu.

HUIT JOURS DE LIBERTÉ, par Étienne Lenclos.

IL ÉTAIT UNE BERGÈRE, par Louise Hameau.

JEUNE ARTISTE EN FLEURS (LA), par Stéphane.

MADEMOISELLE ARTABAN, par Camille d'Arvor.

MAISON REGRETTÉE (LA), par Céline Eniagar.

MICHEL LE MÉCHANT ET SA VICTIME, par Florence Montgomery.

MOÏNA, par Marcel Gastineau.

MUR DU VOISIN (LE), par Marie Guerrier de Haupt.

QUATRE NOUVELLES HISTORIQUES, par Marie Guerrier de Haupt.

SILVIA, L'ÉTOILE D'ÉCIJA, par W. Herchenbach; traduit de l'allemand par Mᶫᶫᵉ A. Simons.

SOIRÉES DU PÈRE BIDOU (LES).

SOUVENIRS DE L'OBERLAND BERNOIS ET DE LA SUISSE CENTRALE, suivi de : UN PÊCHEUR VOSGIEN SUR UNE ÎLE FLOTTANTE, par F.-A. Robischung.

STATUES DU LUXEMBOURG (LES), par Marie-Ange de T***.

TRIBULATIONS D'UNE ENFANT MAL ÉLEVÉE, racontées par elle-même.

UNE SINGULIÈRE GAGEURE, par Marie Guerrier de Haupt.

VACANCES DE NATALIE (LES), par Mᵐᵉ V. Vattier.

VIEUX PORTRAIT (LE), par Lucie des Ages.

NOUVELLE COLLECTION

FORMAT PETIT IN-8° — 3ᵉ SÉRIE
SÉRIE ÉDIFIANTE

(VOLUMES DE 96 PAGES, MESURANT 21 × 15)

Chaque volume est orné de plusieurs gravures.

Riche cartonnage, imitation de toile, tranche jaspée . . . . » 50

9 volumes dans la collection.

★ **DEUX HOMMES DE BIEN** : ARMAND DE MELUN et HONORÉ ARNOUL.

★ **DEUX SERVANTES DES PAUVRES** : JEANNE JUGAN et SŒUR ROSALIE.

★ **DÉVOUEMENT DES HUMBLES** (LE).

ÉPICIER DE LA DROME (L'), FÉLIX LONGUEVILLE. Notice biographique par l'abbé Cyprien Perrossier, archiviste diocésain de Valence.

★ **FIGURES DE MARTYRS** : Mᵍʳ DARBOY, l'abbé DEGUERRY, l'abbé PAUL SEIGNERET.

LAMPE DU SANCTUAIRE (LA), traduit du cardinal Wiseman.

★ **LE SAINT DE L'ARMÉE** : LE GÉNÉRAL DE SONIS, 1825-1887.

★ **UN SOLDAT DU PAPE AU XIXᵉ SIÈCLE** : GÉNÉRAL DE LA MORICIÈRE.

UN SOLDAT MARTYR (SAINT SÉBASTIEN), récit historique, par W. Herchenbach; traduit de l'allemand par l'abbé Gobat.

FORMAT IN-12 — 1re ET 2e SÉRIES

(VOLUMES DE 288 PAGES, MESURANT 19 × 12)

Chaque volume est orné de plusieurs gravures.

Broché.	1	»
Riche cartonnage, imitation de toile, or et noir, tranche jaspée. .	1	20
Percaline gaufrée, riches ornements, tranche jaspée.	1	50
Percaline gaufrée, riches ornements, tranche dorée.	1	85

15 volumes dans la collection.

AVENTURES DE ROBINSON CRUSOÉ, traduit de Daniel de Foë; nouvelle édition illustrée, 24 gravures sur bois d'après K. Girardet; 2 volumes.

CHANOINE SCHMID (OEUVRES CHOISIES), **1re série**, contenant : MARIE, OU LA CORBEILLE DE FLEURS, — ROSE DE TANNEBOURG, — LE JEUNE HENRI.

CHANOINE SCHMID (OEUVRES CHOISIES), **2e série**, contenant : GENEVIÈVE, — LA VEILLE DE NOEL, — LES ŒUFS DE PAQUES.

CHANOINE SCHMID (OEUVRES CHOISIES), **3e série**, contenant : FERNANDO, — — AGNÈS, — LE SERIN, — LA CHAPELLE DE LA FORÉT.

CHANOINE SCHMID (OEUVRES CHOISIES), **4e série**, contenant : LE BON FRIDOLIN, — THÉODORA, — LA GUIRLANDE DE HOUBLON.

CHATELAINES DE ROUSSILLON (LES), ou le Quercy au XVIe siècle, par Mme la comtesse de la Rochère.

FABLES CHOISIES DE LA FONTAINE; illustration de Grandville.

JEANNE D'ARC, par M. Marius Sepet, ancien élève de l'École des chartes.

LOUIS XI ET L'UNITÉ FRANÇAISE, par Charles Buet.

NAUFRAGÉS AU SPITZBERG (LES), ou les Salutaires Effets de la confiance en Dieu, par L. F.

ORPHELINE DE MOSCOU (L'), ou la Jeune institutrice, par Mme Woillez.

ROBINSON SUISSE (LE), ou Histoire d'une famille suisse naufragée; édition illustrée, 24 gravures sur bois d'après K. Girardet; 2 volumes.

UN VOYAGE DE FARFADETS, par Marthe Bertin.

FORMAT IN-12 — 3e SÉRIE

(VOLUMES DE 144 PAGES, MESURANT 19 × 12)

Chaque volume est orné de plusieurs gravures.

Broché.	»	35
Riche cartonnage, imitation de toile, noir et or, tranche jaspée. .	»	45
Riche cartonnage, imitation de toile, noir et or, tranche dorée. .	»	60

41 volumes dans la collection.

BIBLIOTHÈQUE ÉDIFIANTE

BIENHEUREUX JEAN-GABRIEL PERBOYRE (VIE ET MARTYRE DU), prêtre de la Congrégation de la mission Saint-Lazare, mort pour la foi en Chine, par Joseph Boucard.

DON BOSCO, par Jeanniard du Dot.

ENFANTS DE LA BIBLE (LES), par l'abbé Knell, du diocèse de la Rochelle.

GARCIA MORENO, par Jeanniard du Dot.

GROTTE DE LOURDES (HISTOIRE DE LA), par l'abbé A. Aubert, du diocèse d'Angers.

JEUNES SAINTES (1re série), par M. l'abbé J. Knell, du diocèse de la Rochelle.

JEUNES SAINTES (2e série), par M. l'abbé J. Knell, du diocèse de la Rochelle.

LÉON XIII (HISTOIRE DU PAPE), racontée à la jeunesse par l'abbé A. Aubert.

MERVEILLES DE PARAY-LE-MONIAL (LES), par l'abbé A. Aubert.

MONTAGNE DE LA SALETTE (HISTOIRE DE LA), par l'abbé A. Aubert.

MORALE PRATIQUE, enseignée par l'exemple à la jeunesse française, par G. de Gerando.

NOTRE-SEIGNEUR JÉSUS-CHRIST (VIE DE), d'après l'Évangile et la tradition, par M. l'abbé Verger, du diocèse de Tours.

SAINT ANTOINE DE PADOUE (VIE DE), par Joseph Boucard.

SAINT BENOIT (VIE ET MIRACLES DE), Moine et fondateur de l'Ordre des Bénédictins, par Joseph Boucard.

SAINT DOMINIQUE, fondateur des Prêcheurs, d'après les documents de son siècle, par l'abbé Pradier.

SAINTE ÉLISABETH DE HONGRIE (HISTOIRE DE), par D. S.

SAINT FRANÇOIS D'ASSISE, par M. l'abbé Verger.

SAINT FRANÇOIS DE PAULE, fondateur des Minimes, par M. l'abbé Pradier.

SAINT FRANÇOIS DE SALES (VIE DE), instituteur de l'ordre de la Visitation Sainte-Marie, par Marsollier.

SAINT FRANÇOIS XAVIER (VIE DE), apôtre des Indes et du Japon.

SAINTE GENEVIÈVE, PATRONNE DE PARIS (VIE DE), par D. S.

SAINT IGNACE DE LOYOLA (VIE DE), par E. Peltier.

SAINT LOUIS, ROI DE FRANCE (HISTOIRE DE), par de Bury.

SAINT LOUIS DE GONZAGUE (VIE DE), de la Compagnie de Jésus, par le P. Virgile Ceprari, traduite par M. Galpin.

SAINT MARTIN, ÉVÊQUE DE TOURS (HISTOIRE POPULAIRE DE), par N. Cruchet et A.-H. Juteau.

SAINTS PATRONS DE L'AGRICULTURE (LES), par le comte de Grimouard de Saint-Laurent.

SAINTS PATRONS DE L'ENFANCE (LES), par le comte de Grimouard de Saint-Laurent.

SAINT PAUL, APOTRE DES GENTILS (HISTOIRE DE), par D. S.

SAINT PIERRE, PRINCE DES APOTRES ET PREMIER PAPE, par M. l'abbé Janvier, doyen du chapitre de l'église métropolitaine de Tours.

SAINT PIERRE FOURIER, curé de Mattaincourt, réformateur et fondateur d'ordres religieux, par A. Jeanniard du Dot.

SAINTE THÉRÈSE, d'après les auteurs espagnols et les historiens contemporains, par M. de Villefore.

SAINT VINCENT DE PAUL, instituteur de la congrégation de la Mission et des Filles de la Charité, d'après M. Collet.

SANCTUAIRES DES PYRÉNÉES (LES). Pèlerinages d'un catholique irlandais; traduit de l'anglais de Denys-Shyne Lawlor, esq., par Mme la Csse L. de l'Écuyer.

SŒUR CATHERINE LABOURÉ et la Médaille miraculeuse, par Joseph Boucard.

SOUVENIRS DE CHARITÉ, par le comte de Falloux, de l'Académie française.

TERRE SAINTE (LA), Souvenirs et impressions d'un pèlerin, par M. l'abbé Rampillou.

TRÈS SAINTE VIERGE (VIE DE LA), par M. l'abbé Bourassé, revue et abrégée par M. l'abbé P. Verger, curé de Saint-Julien de Tours.

VÉNÉRABLE JEAN-MARIE-BAPTISTE VIANNEY, CURÉ D'ARS (LE), par Jeanniard du Dot.

VIES DES SAINTS DE L'ATELIER (1re série), contenant : SAINT ÉLOI, par A.-F. Ozanam; SAINT JOSEPH, par Michel Cornudet; SAINT CRÉPIN, par le même; SAINT CLOUD, par René de Saint-Mauris; SAINT THÉODOTE, par Roger de Beauffort; SAINT GALMIER, par le même.

VIES DES SAINTS DE L'ATELIER (2e série), contenant : SAINT THÉOBALD, par Roger de Beauffort; SAINT MÉDARD, par Léon Lefébure; SAINT MARCEL, par Laurent Laporte; SAINT FIACRE, par Roger de Beauffort; SAINT AQUILAS, par le même.

VISITES DES ANGES (LES), traduit de l'anglais par W. Fitz-Gerald.

FORMAT IN-12 — 4e SÉRIE

(VOLUMES DE 144 PAGES, MESURANT 19 × 12)

Chaque volume est orné de plusieurs gravures.

Broché. . . . . » 35
Riche cartonnage, chromo, avec reliefs, tranche blanche. . . . . » 45
Riche cartonnage, imitation de toile, or et noir, tranche jaspée . . » 45
Riche cartonnage, imitation de toile, or et noir, tranche dorée. . . » 60

34 volumes dans la collection.

CHAGRINS D'ARLETTE (LES), adaptation par E. Delauney du Dézen.

CŒUR D'OR, imité de l'anglais par E. Delauney.

COLLIER D'HÉLÈNE (LE), suivi de : QUAND ON EST HONNÊTE, — LE BEAU PETIT PRINCE, — L'AGNEAU MORT, par Remy d'Alta-Rocca.

DEUX PRIX DE VERTU, par Édouard de Lalaing.

ÉCOLIER VERTUEUX (L'), par M. l'abbé Proyart.

ÉLISE ET CÉLINE, ou une Véritable Amie, par Stéphanie Ory.

ENSEVELIS SOUS LA NEIGE, traduit de l'anglais, par M. R. V.

EXCURSIONS DE VACANCES. Traduit de l'anglais par Louis Deshorties de Beaulieu.

FILLE DU RÉGISSEUR (LA), par Mme Chéron-Labruyère.

FORGERON DES CHAUMETTES (LE), par Mme Madeleine Prabonneaud.

GÉNÉRAL DROUOT (LE), par le général Ambert.

HÉRITIÈRE (L'), suivi de : APRÈS LES ORAGES, — TROP TARD ! — FLEURS D'HIVER, — PAR LA FENÊTRE, — LES VIOLETTES DE PAQUES, — MON PREMIER REMORDS, — SOUS LE FIGUIER, — LES TROIS COURONNES, — LE CHATIMENT, — LA BAGUE DE PEAU D'ANE, par Mlle Marie Didier.

HOMME DU PHARE (L'), par Roger Dombre.

ISOLA, par Roger Dombre.

JACQUES CARTIER, par Mériem.

JUIVE DE GIBRALTAR (LA), Récit historique, par le R. P. Muiñez, de l'ordre des Augustins ; traduit de l'espagnol avec l'autorisation de l'auteur, par Albert Larthe.

LOIN DU NID, par M. Bezançon.

MADEMOISELLE DE KERGRUN, par Remy d'Alta-Rocca.

MARÉCHAL FABERT (LE), par Théophile Ménard.

MIGNONNE, par Pierre du Château.

NELLY, ou la Fille du médecin, par A.-E. de l'Étoile.

NID PATERNEL (LE), par Lucie des Ages.

PASSEUR DE MARMOUTIER (LE) OU L'ÉVASION DU DUC DE GUISE, par J. Girard.

PÉRINE, par Marie-Ange de T***.

PETIT PINSON, par Marthe Bertin.

PRINCESSES ARTISTES (LES), par A. Valabrègue.

SABOTIER DE MARLY (LE), Épisode de la jeunesse de Louis XIV, par J. Girard.

SECRET DE MADELEINE (LE), par Marie-Ange de T***.

SYMPATHIQUE, par Camille de Saint-Aubin.

TROIS JOURS DE LA VIE D'UNE REINE (1770-1790), par Xavier Marmier, de l'Académie française.

UNE HEURE INSTRUCTIVE ET AMUSANTE, par Mlle Marie O'Kennedy ; ouvrage couronné par la Société d'instruction et d'éducation populaires.

UNE JEUNE CHATELAINE AU XVIIe SIÈCLE, par Mme Julie Lavergne.

★ **UN PENSIONNAT D'AUTREFOIS**, par Émile Gossot ; 6 gravures.

VISITE DE CHARLOTTE (LA), par Mme Deshorties de Beaulieu.

FORMAT IN-12 — 5ᵉ SÉRIE

(VOLUMES DE 108 PAGES, MESURANT 19 × 12)

Chaque volume est orné de plusieurs gravures.

Broché.	» 25
Riche cartonnage, chromo, avec reliefs, tranche blanche.	» 40
Riche cartonnage, imitation de toile, tranche jaspée	» 40

49 volumes dans la collection.

AMIS DE MICHEL (LES), par M. Maisonneuve.

CHATEAU DES ESPRITS (LE), Contes d'outre-Rhin, traduits par l'abbé Gobat.

CONTES A MON FILS, par Gaston Bonnefond.

ENFANTS DE LA MER (LES), par G. Delauney.

FLEURS HISTORIQUES ET LITTÉRAIRES, par Mlle Marie O'Kennedy ; ouvrage couronné par la Société d'instruction populaire.

FORTUNE DE CYPRIEN (la), par Camille d'Arvor.

HEURES RÉCRÉATIVES, Petits contes selon l'esprit du chanoine Schmid par Henri Schwarz, traduits par M. l'abbé Gobat.

HISTOIRE D'UNE CHATTE, racontée par elle-même. Nouvelle traduite de l'anglais par Gustave Vallat, docteur ès lettres.

★ **IDÉES DE SIMONE** (les), suivi de : Au clair de la lune, — les Quatre Mendiants, — Origine de Polichinelle et d'Arlequin, par Mme Marie de Grand-maison.

INFLUENCE DE MARTHE (l'), par Lucie des Ages.

JACOPO, suivi de : un Rayon de soleil ; nouvelles.

JALOUSIE D'UNE SŒUR (la), par Marie-Ange de T***.

LÉGENDES PÉRUVIENNES, par F. Duine.

MAITRE DE L'ŒUVRE (le), par la baronne S. de Boüard.

PETIT CONTEUR ALLEMAND (le), d'après l'allemand, de Henri Schwarz.

PETITE MENDIANTE (la), par P. Marcel, suivi de : le Nid d'aigle, — les Petits Bucherons, — le Petit Musicien, par A. M.

POIDS D'UN MENSONGE (le), par A. Alhix.

ROSES DE DOROTHÉE (les), par la baronne S. de Boüard.

TROIS SINGES (les), Nouvelle, traduit de l'anglais par Gustave Vallat.

VALLÉE D'ALMÉRIA (la), par M. E. W.

VIEUX CONTES, par Ichazo.

VOYAGE AUTOUR DE L'ANNÉE, par Marie Guerrier de Haupt.

YVONNETTE, par Lucie des Ages.

ŒUVRES DU CHANOINE SCHMID

AGNÈS, ou la Petite Joueuse de luth.

BAGUE TROUVÉE (la), ou les Fruits d'une bonne éducation.

CENT PETITS CONTES pour les enfants.

CHARTREUSE (la).

CROIX DE BOIS (la).

EUSTACHE, Épisode des premiers temps du christianisme.

FAMILLE CHRÉTIENNE (la).

FERNANDO, Histoire d'un jeune Espagnol.

FRIDOLIN (le bon) et le méchant Thierry.

FRIDOLINE (la bonne).

GENEVIÈVE.

GUIRLANDE DE HOUBLON (la).

HENRI (le jeune).

ITHA, comtesse de Toggenbourg.

LOUIS, le petit émigré.

MARIE, ou la Corbeille de fleurs.

MOUTON (le petit), suivi du Ver luisant.

NOUVEAUX PETITS CONTES.

ŒUFS DE PAQUES (les), suivi de Théodora.

ROSE DE TANNEBOURG.

ROSIER (le), suivi de la Mouche.

ROSSIGNOL (le), suivi des Deux Frères.

SEPT NOUVEAUX CONTES.

SERIN (le), suivi de la Chapelle de la forêt.

THÉOPHILE, le petit ermite.

VEILLE DE NOEL (la).

FORMAT IN-12 — 6e SÉRIE

POUR LE JEUNE AGE

(VOLUMES DE 72 PAGES, MESURANT 19×12)

Chaque volume est orné de plusieurs gravures.

Cartonnage, imitation de toile, or et couleurs, tranche jaspée. . . » 30

34 volumes dans la collection.

AMI DE TOTI (L'), par A. Alhix.

BOITE AU LAIT (LA), par Mme Marie-Félicie Testas.

CHIEN ET CHAT, suivi de : LE NID DE PERDRIX, — LA PROMENADE, — LES BONBONS, — LA TERRE QUI TOURNE, par M. de Chavannes.

CONTES ROSES, par Marie Thiéry.

CONTES RUSSES, traduits du PRINCE ODOSKIEI, par Leroy.

CONVERSATIONS ENFANTINES, par Mlle Anna Deriège.

DEUX ORPHELINES (LES), par René Sosta.

DEUX VOITURES (LES), par Marie Guerrier de Haupt.

FOUET DE POSTE (LE), suivi de : LA FERME BRULÉE, — LE DOIGT COUPÉ, — PAUL ET FRANCIS, — LE CAFÉ, — LE POIVRE, — LE CHOCOLAT ET LE SUCRE, par M. de Chavannes.

GAIETÉS ET TRISTESSES, Nouvelles, par Mme Blanche de Rivière.

IDÉES D'ENFANTS, suivi de : UN COUP DE COMMERCE, — QUATRE JOURS DE PLUIE, — LA VENGEANCE D'ANDRÉ, — LES LEÇONS DE DANSE D'ÉMILE, par Marie Leconte.

LAURE ET LAURETTE, suivi de : LA TENDRESSE D'UNE SŒUR, par Mme la comtesse de la Rochère.

LE PARESSEUX ET LE TRAVAILLEUR, suivi de : LE SINGE ET LE SOMNAMBULE, — CURIOSITÉ ET INDISCRÉTION, par Mme C. G.

LOUISE THOMAS, par M. Maisonneuve.

★ **MARRAINE DE MARTHE** (LA), par Mlle Le Jeune.

MÉMOIRES DE JEAN, par Maria de Fos.

MENDIANT DE CONSTANTINOPLE (LE), par Frédéric Kœnig.

MON AMIE JEANNE, par Mlle Marie Poitevin.

MON FRÈRE JEAN, suivi de : COMMENT J'AI AIMÉ LA GÉOGRAPHIE, — LES MALADRESSES DE FANCHE, par Marie Leconte.

NEVEUX DE TANTE GERMAINE (LES), par Mme Lucie des Ages.

PAQUERETTE ET BOUTON D'OR, suivi de : L'HIRONDELLE, — LA COURSE, — LA FABLE, par Mme C. G.

PÈRE CONTE-TOUJOURS (LE), récits d'un vieux matelot, par Marie Guerrier de Haupt, lauréat de l'Académie française.

PETITS GARÇONS ET PETITES FILLES, par Remy d'Alta-Rocca.

PETIT LUDOVIC (LE), suivi de : LE BALLON, — LES CHIFFONS, — LES CERISES, par M. de Chavannes.

PETIT TURBULENT (le), suivi de : la Chenille, — la Tarte a la crème, — Clotilde, — Moustache ou l'Enfant volé, par Mme C. G.

PLAISIRS DU BORD DE LA MER (les), par C. G.

ROSES DE MON PARRAIN (les), suivi de six autres nouvelles, par Mary Léon.

SABOTS DE MARIE-ANNE (les), par Mme Vattier.

SERVANTE DU NOTAIRE (la), par la baronne S. de Boüard.

TANTE VÉRONIQUE (la), Récits, par Mme Marie-Félicie Testas.

TRÉSOR DE JEAN LOUPEAU (le), suivi de cinq autres nouvelles, par E. Muller.

UNE MOSAIQUE, cinq historiettes, par Eugène Muller.

VERTU ET MISÈRE, suivi de divers autres contes, par Louis de Tesson.

YEYETTE LA TRICHEUSE et dame Jeanne la coquette, par Maria de Fos.

FORMAT PETIT IN-12

(VOLUMES DE 72 PAGES, MESURANT 17×11)

Chaque volume est orné de plusieurs gravures.

Riche cartonnage, chromo, tranche blanche . . . . » 25
Riche cartonnage, imitation de toile, tranche jaspée. . . . . » 25

32 volumes dans la collection.

AIEULE (l'), par la baronne S. de Boüard.

BONS PETITS CŒURS, par M. Maisonneuve.

BRACONNIER DE COUEBON (le), par Mme Fanny de Mouzay.

CABANE DU BUCHERON (la), par L***.

CASSETTE DE BIJOUX (la), suivi de divers autres contes, par Mme la comtesse de la Rochère.

CATHERINE, ou le Trésor de la maison, par Maurice Barr.

COMÉDIE AU PENSIONNAT (la). Deux vaudevilles pour jeunes filles : la Fête d'une mère, — la Fin des vacances, par Marie Guerrier de Haupt.

COUSINE MADELON (la), par Marie Guerrier de Haupt.

EMMA L'ORGUEILLEUSE, par Mme C. G***.

ÉPINGLES A LA CHANDELLE (les), par Marie Guerrier de Haupt.

FEMME INTRÉPIDE (la), suivi de plusieurs contes; traduit de l'allemand, par M. l'abbé Gobat.

GAMIN DE PARIS (le), ou le Choix d'un état, par Stéphanie Ory.

★ **GROS SECRETS DE GRAND'MAMAN** (les), par Mme Marie de Grandmaison; 13 gravures.

HEUREUSE FAMILLE (l'), par Mme Élise Franck.

HONNÊTE OUVRIER (l'), suivi de divers autres contes, par Mme la comtesse de la Rochère.

HYACINTHE, ou le Secret bien gardé, par Mme Marie-Félicie Testas.

ILE ENCHANTÉE (L'), par Mme la comtesse de la Rochère.

JEUNE MEUNIÈRE (LA), par Mme Camille Lebrun.

LIVRE DE PETIT JEAN (LE), par Frichet.

MAITRE HEINRICH LE JOYEUX PETIT TAILLEUR (HISTOIRE DE), par Marie Guerrier de Haupt.

MISS CENDRILLON, par la baronne S. de Boüard.

MOULIN DE MAITRE BÉNÉDICT (LE), par Mme de Paloff.

NID D'AIGLE (LE), OU LES ENFANTS COURAGEUX, par A. M.

NOEL DE JOSÉ (LE), par M.-A. Alhix.

NUAGES BLEUS (LES), par Mme C. G***.

PART DU PAUVRE (LA), par Alexis Muenier.

PETITE ÉTOURDIE (LA), par Stéphanie Ory.

PETIT FANFARON (LE), par Mme la comtesse de la Rochère.

PETITS NATURALISTES (LES), par M. de Chavannes de la Giraudière.

POULES DE LA VEUVE (LES), suivi de divers autres contes, par M. Louis de Tesson.

SOIRÉES INSTRUCTIVES ET AMUSANTES, par Mme de ***.

VIOLON DE JACQUES (LE,) par Marie Thiéry.

FORMAT IN-18

(VOLUMES DE 72 PAGES, MESURANT 15×9)

Chaque volume est orné de plusieurs gravures.

Riche cartonnage, chromo, tranche blanche . . . . » 22
Riche cartonnage, imitation de toile, tranche jaspée. . . . . » 22

30 volumes dans la collection.

ANNETTE LA RIEUSE, par Marie Guerrier de Haupt.

BERTHILDE, par Mme la comtesse de la Rochère.

BETHLÉHEM (LE), par Mme Élise Voïart.

BOSSU COURAGEUX (LE), par C. G.

BOUTON-DE-ROSE, par Mme de Paloff.

CINQ ANS DE MONSIEUR PAUL (LES), par M. Maisonneuve.

COURONNE DE ROSES (LA), par Mme la comtesse de la Rochère.

DÉBUTS DE GROS JEANNOT (LES), par M.-A. Alhix.

DÉNICHEURS D'HISTOIRES (LES), par Marie Guerrier de Haupt.

DÉSOBÉISSANCES DE JEANNETTE (LES).

DOUCE INFLUENCE, par M. Maisonneuve.

ÉDOUARD ET HENRI, par Mme E. V.

FAMILLE MIMITON, par M. Maisonneuve.

FANNY ET SON CHIEN NEPTUNE, par Louise Lambert.

FÊTE DE BON PAPA (LA), par M. Maisonneuve.

FLUTE BRISÉE (LA).

MARMITON ROUGE (LE), par le comte d'Ibarrart d'Etchegoyen.

MEILLEUR PROTECTEUR (LE), imité de l'allemand, par Marcelle de Saint-Edme.

MINE DE HOUILLE (LA), par M. de Chavannes.

MONTREUR D'OURS (LE), par C. G.

ORPHELINS (LES), par Lucie des Ages.

PAULINE, ou LA BONNE PETITE FILLE.

PETIT ANIER (LE), par C. G.

PETITE ROSE, imité de l'allemand, par Marcelle de Saint-Edme.

POLTRONNERIE (LA), par C. G.

POULES AUX ŒUFS D'OR (LES), par le comte d'Ibarrart d'Etchegoyen.

PRINCESSE VIOLETTE (LA), par Mme Élisabeth Doré.

TANTE AGLAÉ (LA), par Mme la vicomtesse de Saint-P***.

UNE VILAINE HABITUDE, par M. Maisonneuve.

★ **UN ENFANT DE MAYENCE**, par Mme Marie de Grandmaison, officier d'Académie, lauréate de l'Académie française.

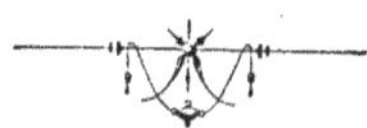

BIBLIOTHÈQUE DES PETITS ENFANTS

1re SÉRIE — FORMAT IN-32 JÉSUS

(VOLUMES DE 64 PAGES, MESURANT 13×8)

Chaque volume est orné de plusieurs gravures.

Riche cartonnage, chromo . . . . » 20
Riche cartonnage, imitation de toile . . . . » 20

30 volumes dans la collection.

A CHACUN SON MÉTIER, par Mme de la R***.
ARCHERS DE DUNKERQUE (LES).
AUBERGE DU PIGEON-BLANC (L'), suivi de : UNE PROMENADE DANS LES BOIS.
BUTIN DU VIEUX SOLDAT (LE), suivi de : LES ENFANTS ÉGARÉS, par Mme de la R***.
CHATEAU DE ROSSMORE (LE).
COFFRET D'ARGENT (LE), suivi de : LES PETITS JARDINIERS.
COMMENT ON APPREND A BIEN LIRE, par Mme Élise Voïart.
COUVERTURE DE LAINE (LA).
CRUAUTÉ PUNIE (LA).
DEUX SAVOYARDS (LES).
FANTÔME (LE), par Mme de la R***.
FERME DE M. GERBOIS (LA).
FILLE DE L'EXILÉ (LA).
GARDEUR DE DINDONS (LE), par M. de Chavannes.
GRAND TÉNÉBRAKA (LE).
JEUNES MARAUDEURS (LES), imité de miss Edgeworth.
JULES HORST.
MAURICE.
MAUVAIS SUJET (LE).
MÉNAGERIE (LA).
PARDON ET OUBLI.
PARESSE CORRIGÉE (LA).
PÊCHE DE LA BALEINE (LA).
PETITS PÊCHEURS (LES).
PHILIPPE LE VANNIER.
PRINCE ALONZO (LE).
SABINE ou le Modèle des petites écolières.
SOLIMAN, suivi de : L'ILE DÉSERTE.
SOPHIE ET FRANÇOIS, suivi de plusieurs petits contes.
VÉSUVE (LE), par M. de Chavannes.

2e SÉRIE — FORMAT IN-32 CARRÉ

(VOLUMES DE 64 PAGES, MESURANT 11×7)

Chaque volume est orné de plusieurs gravures.

Riche cartonnage, chromo . . . . » 15
Riche cartonnage, imitation de toile . . . . » 15

20 volumes dans la collection.

ANNA, par Mme Élise Voïart.
CANARD DE LÉONIE (LE), suivi de : LES MOUTONS DANS LES BOIS.
CHEVAL DE BOIS (LE).
CONTES DE BERQUIN.
CONVERSATIONS ET HISTORIETTES DE BERQUIN.
GUILLAUME, suivi de contes divers.
JULIENNE, par Mme de la Rochère.
LÉONIE ET CONRAD, par Mme de la Rochère.
MA BONNE MARTHE.
MANON, par Mme Marie-Félicie Testas.
MÉDOR LE BON CHIEN, par Mme Élise Voïart.
MICHEL LE COLPORTEUR.
NID DE PINSON (LE), par Mme Élise Voïart.
PATINEURS (LES).
PÈRE SIMON (LE), suivi de divers petits contes ; traduit de l'allemand.
PETITE FILLE VOUÉE AU BLANC (LA).
PETITE MARRAINE (LA), suivi de : LA BAGUE PERDUE, par Mme Marie-Félicie Testas.
QUATRE SAVOYARDS (LES).
RÉCOMPENSE (LA).
VALENTINE, par Stéphanie Ory.

BIBLIOTHÈQUE
DE L'ENFANCE CHRÉTIENNE

—▷—✕—◁—

50 Opuscules de 36 pages in-18, gravure.

COUVERTURE EN COULEUR D'APRÈS BERTALL

La collection, piquée-rognée. **3** fr.

ABEILLES (LES).
AMITIÉ (L').
ANATOLE, ou le Jeune Pêcheur.
ANGE GARDIEN (L').
ANGÉLIQUE CAGGIOLI.
ANIMAUX TOURMENTÉS (LES).
BASSE-COUR (LA).
BENJAMIN, ou les Mauvais Livres.
CAROLINE, ou le Modèle des écolières.
CATÉCHISME DE LA MADELEINE (LE).
COMMENT ON APPREND A CONNAÎTRE DIEU.
CONSTANCE, ou la Fille de l'exilé.
DEUX TULIPES (LES).
DIEU VOIT TOUT.
DONATIEN, ou le Pouvoir de l'amitié.
ENFANTS BIENFAISANTS (LES).
ENFANTS QUERELLEURS (LES).
ERNEST, ou les Suites de l'ambition.
FILS DÉNATURÉ (LE).
GERMAIN, ou l'Amour du travail.
IBRAHIM.
IMAGE DE LA VIERGE (L').
JEUNE MALADE DE DIX ANS (LA).
JOURNÉE PLUVIEUSE (LA).
JULES HORST.

LOUIS D'OR (LE).
MÉNAGERIE (LA).
MISSIONNAIRE EN ALGÉRIE (LE).
MOINEAU (LE).
M. COURTIN, ou les Suites d'un bienfait.
NID D'OISEAU (LE).
OLIVIER, ou le Mauvais Sujet converti.
PAUVRE HONTEUX (LE).
PÊCHE DE LA BALEINE (LA).
PETITE FILLE DÉSOBÉISSANTE (LA).
PETIT FAINÉANT (LE).
PETIT MATELOT (LE).
PETITS DÉSERTEURS (LES).
PETITS ORPHELINS (LES).
PETITS PÊCHEURS (LES).
PETITS SOLDATS (LES).
PIERRE.
PIEUSE PETITE FILLE (LA).
PROMENADE (LA).
PROPRETTE.
RECONNAISSANCE FILIALE (LA).
RUINES DU VIEUX CHATEAU (LES).
TIR DE L'ARC (LE).
UN JOUR A LA FERME.
VIEUX GARDE-CHASSE (LE).

V

BIBLIOTHÈQUE PIEUSE

PUBLIÉE AVEC APPROBATION

DE MONSEIGNEUR L'ARCHEVÊQUE DE TOURS

—▻—✕—◅—

1re SÉRIE — FORMAT GRAND IN-32

(MESURANT 12×8)

Chaque volume est orné d'une gravure d'après Hallez.

Broché.	»	45
Imitation de basane noire, tranche rouge	»	60
Percaline gaufrée, tranche rouge	»	65
Reliure anglaise, basane gaufrée à froid, tranche marbrée. .	»	75
Reliure anglaise, basane, ornements à froid, tranche dorée.	1	»
Basane grenat, reliefs, tranche dorée	1	10
Chagrin gaufré à froid, tranche dorée	1	90

29 volumes dans la collection.

ANGE CONDUCTEUR DES ENFANTS (L') pendant l'année de leur première communion, par l'abbé Rauval, vicaire général de Perpignan.

AVANT ET APRÈS LA SAINTE COMMUNION, nouvelles Méditations pour la préparation et l'action de grâces chaque jour du mois, par M. l'abbé Ant. Ricard, docteur en théologie.

COMBAT SPIRITUEL ET PAIX DE L'AME, suivis du Livre des malades, par le R. P. Laurent Scupoli; traduction littérale d'après le texte italien, par M. l'abbé Fitte, chanoine honoraire, aumônier de Notre-Dame-de-Lorette.   (N° 69.)

DÉVOTION AU GLORIEUX SAINT JOSEPH, considérations, prières, cantiques; ouvrage approuvé par Mgr l'évêque de Luçon.

DU ROSAIRE A L'EUCHARISTIE, par M. l'abbé Bas.

FROMENT DES ÉLUS (LE), par Arvisenet.

GUIDE DE LA PIEUSE PENSIONNAIRE, à l'usage des pensions et de toutes les maisons religieuses d'éducation.

IMITATION DE JÉSUS-CHRIST, avec Prières et Pratiques de Gonnelieu, augmentée de la Messe et des Vêpres du Dimanche.   (N° 65.)

IMITATION DE LA TRÈS SAINTE VIERGE, sur le modèle de l'*Imitation de Jésus-Christ*, par l'abbé ***, augmentée de la Messe.   (N° 66.)

INTRODUCTION A LA VIE DÉVOTE, par saint François de Sales.   (N° 35.)

JÉSUS ADOLESCENT, Modèle des jeunes chrétiens, par le R. P. Pierre Pralon, de la Compagnie de Jésus.

JOURNÉE DU CHRÉTIEN (LA), à l'usage de Rome.   (N° 22.)

LA PREMIÈRE COMMUNION, RÈGLEMENT DE VIE POUR LA PERSÉVÉRANCE, par Mme la comtesse de Flavigny.   (N° 110.)

LE PLUS BEAU JOUR DE LA VIE, ouvrage dédié aux enfants qui se disposent à la première communion, par M. l'abbé M.

LIVRE DE L'ENFANCE CHRÉTIENNE (LE), par Mme la C^{sse} de Flavigny. (N° 72.)

MANUEL DE L'ASSOCIATION UNIVERSELLE DES FAMILLES CHRÉ-TIENNES consacrées à la sainte Famille de Nazareth, contenant des instructions, des prières et des chants, par l'abbé L. Finot, missionnaire apostolique.

MOIS DE MARIE DE LA JEUNESSE CHRÉTIENNE, par M. l'abbé Michaud.

MOIS DU SACRÉ CŒUR DE JÉSUS (NOUVEAU), dédié aux associés du saint Rosaire, par l'abbé Pallu de la Barrière.

NOUVELLES MÉDITATIONS SUR L'EUCHARISTIE, par l'abbé Ant. Ricard, docteur en théologie, chanoine honoraire de Marseille et de Carcassonne; suivies de deux Méditations inédites sur le même sujet, par Mgr de la Bouillerie, évêque de Carcassonne.

OFFICE DE LA SAINTE VIERGE, en latin et en français; *gros caractères*. (N° 28.)

PAIN DES ENFANTS (LE), ou Trente jours de préparation à la première communion, par Mlle Dorothy Smith.

POUVOIR DE MARIE, ou Paraphrase du *Salve Regina*, par saint Liguori.

PRATIQUE DE L'AMOUR ENVERS JÉSUS-CHRIST, par S. Liguori. (N° 29.)

PRÉPARATION A LA PREMIÈRE COMMUNION, par M. l'abbé Michaud.

RECUEIL DE PRIÈRES, DE MÉDITATIONS ET DE LECTURES, tirées des OEuvres des SS. Pères, des écrivains et orateurs sacrés, par Mme la comtesse de Flavigny. (N° 130.)

SAINTE COMMUNION (LA), **C'EST MA VIE!**... par Hubert Lebon.

SUJETS DE MÉDITATIONS POUR LES JEUNES PERSONNES, par M. l'abbé Michaud.

VISITES AU SAINT SACREMENT ET A LA SAINTE VIERGE, par saint Liguori. (N° 70.)

VOIX DES SAINTS (LA), Recueil de pensées, préceptes et conseils, par Mme de Barbercy.

2e SÉRIE — FORMAT IN-32 SUR PAPIER CARRÉ

(MESURANT 11×7)

Chaque volume est orné d'une gravure sur acier.

Imitation de basane, tranche rouge . . . . » 45
Reliure anglaise, basane gaufrée à froid, tranche marbrée . . » 50
Reliure anglaise, basane, ornements à froid, tranche dorée. » 75

10 volumes dans la collection.

CHEMIN DE LA CROIX, avec un Exercice du *Via Crucis* et du saint Rosaire. (N° 3.)

IMITATION DE JÉSUS-CHRIST, traduction du R. P. de Gonnelieu. (N° 68.)

IMITATION DE LA TRÈS SAINTE VIERGE, par l'abbé ***. (N° 67.)

JOURNÉE DU CHRÉTIEN (LA) sanctifiée par la prière et la méditation. (N° 51.)

MOIS DE MARIE, par Lalomia.

OFFICE DE LA SAINTE VIERGE, en latin et en français. (N° 39.)

PENSEZ-Y BIEN, ou Réflexions sur les quatre fins dernières.

PRATIQUE DE L'AMOUR ENVERS JÉSUS-CHRIST, par saint Liguori. (N° 43.)

TABLEAUX ET PRIÈRES DE LA SAINTE MESSE, édition ornée de 40 gravures.

VISITES AU SAINT SACREMENT ET A LA SAINTE VIERGE, par saint Liguori. (N° 47.)

OPUSCULES RELIGIEUX

PIQUÉS-ROGNÉS   Par 13/12 — par cent net.

CANTIQUES à l'usage des Missions et des Retraites, 72 pages in-18. » 10 — 7 50

EXERCICES DE PIÉTÉ, à l'usage des Missions et des Retraites, 108 pages in-18. . . . . » 20 — 15 »

CHEMIN DE LA CROIX, 36 pages in-18. . . . . » 07 — 5 »

EXAMEN DE CONSCIENCE, à l'usage de la jeunesse, 36 pages in-18. » 07 — 5 »

GRAVURES RELIGIEUSES

NOUVEAU SOUVENIR DE PREMIÈRE COMMUNION

Deux très beaux sujets pour les jeunes gens et pour les jeunes filles, d'après **les compositions de Mlle Sonrel**, 28 centimètres de hauteur sur 22 de largeur.

Prix de chaque sujet tiré en noir . . . . » 25
Prix de chaque sujet colorié à la main . . . . . . » 50

SOUVENIR DE PREMIÈRE COMMUNION pour les jeunes gens et pour les jeunes filles; deux très belles gravures de Fr. Ludy (de Düsseldorf), d'après L. Hallez (22 centimètres de hauteur sur 14 de largeur).— Prix de chaque sujet: Épreuves sur beau papier, grandes marges : **25** cent. — Par cent net : **15** cent.

SOUVENIR D'ORDINATION — Belle héliogravure représentant l'administration du sacrement de l'Ordre, d'après les peintures des Catacombes, mesurant $12 \times 7^{1}/_{2}$. Le cent : **12** fr. — Remise : **33** %.

BIBLIOTHÈQUE DES ENFANTS PIEUX

50 BROCHURES FORMANT CHACUNE 36 PAGES IN-18, PAPIER FIN GLACÉ

UN PORTRAIT ET UNE COUVERTURE IMPRIMÉE EN COULEUR

La collection piquée et rognée. **3** fr.

1. Vie de Notre-Seigneur Jésus-Christ.
2. S. Alexis, — S. François d'Assise, — S. François de Paule.
3. S. Antoine.
4. S. Augustin.
5. S. Bernard.
6. S. Charles Borromée.
7. S. Eugène, — S. Alexandre, — S. Laurent, — S. Hippolyte.
8. S. François de Sales.
9. S. François Xavier.
10. S. Henri, — S. Étienne, — S. Édouard.
11. S. Jacques le Majeur, — S. Jacques le Mineur, — S. André.
12. S. Jean-Baptiste, — S. Joseph.
13. S. Jérôme.
14. S. Léon.
15. S. Louis de Gonzague.
16. S. Louis, roi de France.
17. S. Martin.
18. S. Nicolas, — S. Ambroise.
19. S. Paul.
20. S. Philippe.
21. S. Pierre.
22. S. Stanislas Kostka.
23. S. Thomas.
24. S. Victor, — S. Maurice, — S. Georges, — S. Jules.
25. S. Vincent de Paul.

1. Vie de la sainte Vierge.
2. Ste Adélaïde, — Ste Mathilde, — Ste Hélène.
3. Ste Agathe, — Ste Anastasie.
4. Ste Agnès, — Ste Blandine.
5. Ste Angèle, — Ste Ursule.
6. Ste Anne, — S^{tes} Marthe et Marie.
7. Ste Catherine de Sienne.
8. Ste Cécile, — Ste Juste, — Ste Rufine, — Ste Natalie et S. Aurèle, son époux.
9. Ste Claire.
10. Ste Clotilde.
11. Ste Élisabeth de Hongrie, — Ste Élisabeth de Portugal.
12. Ste Eulalie, — Ste Julie, — Ste Juliette.
13. Ste Félicité, — Ste Perpétue.
14. Ste Geneviève, — Ste Colette.
15. Ste Isabelle, — Ste Radegonde.
16. Ste Jeanne-Françoise de Chantal.
17. Ste Julienne, — Ste Brigitte, — Ste Françoise.
18. Ste Lucie, — Ste Flore.
19. Ste Marguerite, — Ste Catherine de Suède.
20. Ste Marie Madeleine, — Ste Marie-Madeleine de Pazzi.
21. Ste Monique.
22. Ste Philomène, — Ste Irène.
23. Ste Rose de Lima, — Ste Euphrasie, — Ste Julienne Falconiéri, — Ste Bertille.
24. Ste Thérèse.
25. Ste Victoire, — Ste Marie, servante, — Ste Denise.

VI

LITURGIE ROMAINE

Éditions revues avec le plus grand soin,
approuvées par la Sacrée Congrégation des Rites et renfermant
tous les derniers Offices concédés.

—▷—✳—◁—

Il est accordé à MM. les Libraires une remise de 33 %
sans 13ᵉ sur les prix des ouvrages de liturgie.

Un catalogue spécial avec feuilles spécimens des différentes éditions
sera adressé à tous les clients qui en feront la demande.

L'EXÉCUTION DES RELIURES DEMANDE UN DÉLAI D'UN MOIS

—┼—✳—┼—

MISSALE ROMANUM

MISSALE ROMANUM, *ex decreto sacrosancti Concilii Tridentini restitutum,
S. Pii V Pontificis Maximi jussu editum ; Clementis VIII, Urbani VIII et Leonis XIII
auctoritate recognitum ; editio accuratissima, novis Missis ex indulto apostolico
concessis aucta ;* SPLENDIDE ÉDITION ILLUSTRÉE in-fᵒ, mesurant 36×28 ;
texte noir et rouge encadré, six cent dix bois dans le texte, d'après Hallez et
Leniept ; une gravure sur acier.

Broché.	31	»
Chagrin noir, ornements à froid, tranche dorée	52	»
[Nᵒ 100] Chagrin 1ᵉʳ choix, noir, dentelle dorée, tranche dorée. . . .	66	»
Chagrin 1ʳʳ choix, rouge et autres couleurs, dentelle dorée, tranche dorée	70	»
La même reliure, avec tranche marbrée dorée ou tranche rouge sous or.	72	»

La même ÉDITION, avec HUIT MAGNIFIQUES ESTAMPES d'après HALLEZ

Broché.	38	»
Chagrin 1ʳʳ choix, noir, dentelle dorée, tr. dorée.	74	»
Chagrin 1ʳʳ choix, rouge et autres couleurs, riche dentelle dorée, tranche dorée.	78	»
[Nᵒ 101] La même reliure avec tranche marbrée dorée ou tranche rouge sous or.	80	»
Splendide reliure en maroquin du Levant, rouge ou autres couleurs, riche dentelle dorée, tranche marbrée dorée ou tranche rouge sous or.	104	»
La même reliure, avec gardes en soie.	128	»

MISSÆ PRO DEFUNCTIS E MISSALI ROMANO EXCERPTÆ

NOUVELLE ÉDITION TIRÉE EN NOIR ET ROUGE

ORNÉE D'UN FILET ROUGE ET D'UNE GRAVURE HORS TEXTE

1 volume in-4ᵒ, mesurant 33×23.

Basane noire, gaufrée à froid, tranche jaspée	5	25
Chagrin noir, ornements à froid, tranche dorée.	9	»

MISSALE ROMANUM

NOUVELLE ÉDITION in-4°, mesurant 33×25, imprimée en **NOIR et ROUGE** sur beau papier teinté très solide, **CARACTÈRES NOUVEAUX, NETS, GRAS, TRÈS LISIBLES.**

Texte encadré d'un filet rouge et orné de nomb.euses vignettes, de lettrines élégantes et de deux magnifiques sujets hors texte en héliogravure.

Broché	14	75
Reliure propre bordée	24	25
Basane gaufrée, filets sur plat, tranche marbrée.	24	25
Basane gaufrée, filets sur plat, tranche dorée.	27	»
Chagrin noir, ornements à froid, tranche dorée	29	50
Chagrin 1er choix, noir, ornements dorés, tranche dorée. . .	39	50
N° 83] Chagrin 1er choix, rouge ou autres couleurs, ornements dorés, tranche dorée.	40	50
Chagrin 1er choix, rouge ou autres couleurs, dentelle dorée, tranche dorée	47	»
Maroquin du Levant, rouge ou autres couleurs, dentelle dorée, tranche marbrée dorée ou tranche rouge sous or. .	63	»
La même reliure avec gardes en soie.	83	»

NOUVELLE ÉDITION in-4°, mesurant 33 × 25, imprimée en **NOIR** seulement sur le même papier, avec les mêmes caractères et les mêmes illustrations que la précédente.

Broché.	11	»
Reliure propre bordée	20	»
Basane gaufrée, filets sur plat, tranche marbrée.	20	»
[N° 58] Basane gaufrée, filets sur plat, tranche dorée.	22	»
Chagrin noir, ornements à froid, tranche dorée.	25	»
Chagrin 1er choix, noir, ornements dorés, tranche dorée. . .	35	»
Chagrin 1er choix rouge ou autres couleurs, ornements dorés, tranche dorée	36	»

NOUVELLE ÉDITION PETIT IN - 4°, mesurant 28 × 19, imprimée en **NOIR et ROUGE**, ornée d'une gravure sur acier et d'un encadrement rouge.

Broché.	11	»
Reliure propre bordée, tranche peigne	16	»
Basane gaufrée, filets dorés, tranche peigne	16	»
Basane gaufrée, filets dorés, tranche dorée.	17	50
Chagrin noir, ornements à froid, tranche dorée.	21	50
[N° 143] Chagrin 1er choix, noir, ornements dorés, tranche dorée. . .	28	50
Chagrin 1er choix, rouge ou autres couleurs, ornements dorés, tranche dorée.	29	50
Maroquin du Levant, rouge ou autres couleurs, ornements dorés, tranche marbrée dorée ou rouge sous or.	47	50
La même reliure avec gardes en soie.	62	50

RITUALE ROMANUM

1 volume in-16, mesurant 16 × 10.

Édition avec chant, **ornée d'un filet rouge** et d'un grand nombre de **vignettes**, imprimée en **noir et rouge.**

Broché.	2	50
Basane noire, filets et chiffre à froid, tranche jaspée	4	»
Chagrin noir, tranche dorée	5	50

LA MÊME ÉDITION, sur papier INDIEN

VOLUME DE POCHE, TRÈS MINCE, TRÈS LÉGER, TRÈS PORTATIF

Broché	3	50
Chagrin noir, ornements à froid, tranche dorée.	6	50
Chagrin 1er choix, noir, reliure molle, tranche dorée.	9	»

BREVIARIUM ROMANUM

QUATRE VOLUMES

ÉDITION in - 12, mesurant 18×10, imprimée en NOIR et ROUGE
sur papier INDIEN teinté. Texte encadré d'un filet rouge.

CHAQUE VOLUME EST ORNÉ D'UNE GRAVURE SUR ACIER
ET DE NOMBREUSES VIGNETTES

Broché	25	»
Chagrin 2ᵉ choix, noir, ornements à froid, tranche dorée. . .	41	»
Chagrin 1ᵉʳ choix, noir, ornem. à froid, tranche dorée. . . .	48	»
Chagrin 1ᵉʳ choix, couleur, ornem. à froid, tranche dorée. .	50	75
Chagrin 1ᵉʳ choix, noir, reliure molle, coins arrondis, tranche dorée	50	»
La même reliure avec tranche rouge sous or.	52	75
Chagrin 1ᵉʳ choix, noir, ornements dorés, tranche dorée. . .	51	»
Chagrin 1ᵉʳ choix, couleurs, ornem. dorés, tranche dorée. .	53	75
Chagrin poli, uni, avec charnières, tranche dorée.	56	»
La même reliure, avec ornements dorés.	59	»
Maroquin du Levant, poli, uni, tranche marbrée dorée ou tranche rouge sous or.	64	»
La même reliure avec ornements dorés.	67	»

[Nᵒ 88]

*Reliures molles en chagrin 1ᵉʳ choix et en maroquin aux mêmes prix
que les reliures fermes.*

BREVIARIUM ROMANUM

QUATRE VOLUMES

ÉDITION in-12, mesurant 19 × 11, imprimée en NOIR et ROUGE
sur papier teinté. Texte encadré d'un filet rouge

CHAQUE VOLUME EST ORNÉ D'UNE GRAVURE SUR ACIER

Broché.	13	»
Pégamoïd, tranche rouge	20	»
Chagrin gaufré à froid, ornements à froid, tranche dorée. . .	27	»
Chagrin 2ᵉ choix, noir, ornements à froid, tranche dorée. . .	29	»
Chagrin 1ᵉʳ choix, noir, ornements à froid, tranche dorée. .	36	»
Chagrin 1ᵉʳ choix, couleurs, ornem. à froid, tranche dorée. .	38	75
Chagrin 1ᵉʳ choix, noir, reliure molle, coins arrondis, tr. dorée.	38	»
La même reliure, avec tranche rouge sous or	40	75
Chagrin 1ᵉʳ choix, noir, ornements dorés, tranche dorée. . .	39	»
Chagrin 1ᵉʳ choix, couleur, ornements dorés, tranche dorée. .	41	75
Chagrin poli, uni, avec charnières, tranche dorée.	44	»
La même reliure avec ornements dorés.	47	»
Maroquin du Levant, poli, uni, tranche marbrée dorée ou tranche rouge sous or	52	»
La même reliure avec ornements dorés.	55	»

[Nᵒ 87]

*Reliures molles en chagrin 1ᵉʳ choix et en maroquin, aux mêmes prix
que les reliures fermes.*

Ajouter aux prix des Bréviaires in-12, nᵒˢ 87 et 88, pour :

Gardes en basane maroquinée rouge..	11	»
Gardes en peau (mouton anglais rouge).	16	»
Gardes en soie.	16	»

BRÉVIARIUM ROMANUM

QUATRE VOLUMES IN-18, MESURANT 15 $\frac{1}{2}$ × 9 $\frac{1}{2}$

NOUVELLE ÉDITION imprimée en **NOIR** et **ROUGE** sur papier **INDIEN** teinté, ornée d'un grand nombre de vignettes, de lettrines et d'un encadrement rouge.

Broché	20	»
Chagrin 2ᵉ choix, noir, ornements à froid, tranche dorée	38	»
Chagrin 1ᵉʳ choix, noir, ornements à froid, tranche dorée	45	»
Chagrin 1ᵉʳ choix, couleurs, ornements à froid, tranche dorée	47	75
Chagrin 1ᵉʳ choix, noir, reliure molle, coins arrondis, tranche dorée	47	»
[Nᵒ 52] La même reliure, avec tranche rouge sous or	49	75
Chagrin 1ᵉʳ choix, noir, ornements dorés, tranche dorée	48	»
Chagrin 1ᵉʳ choix, couleurs, ornements dorés, tranche dorée	50	75
Chagrin poli, uni, avec charnières, tranche dorée	53	»
La même reliure, avec ornements dorés	56	»
Maroquin du Levant, poli, uni, tranche marbrée dorée ou tranche rouge sous or	60	»
La même reliure, avec ornements dorés	63	»

Reliures molles en chagrin 1ᵉʳ choix et en maroquin, aux mêmes prix que les reliures fermes.

BRÉVIARIUM ROMANUM

QUATRE VOLUMES IN-18, MESURANT 15 × 9

ÉDITION imprimée en **NOIR** et **ROUGE** sur papier de **CHINE**, ornée de nombreuses vignettes et encadrée d'un filet rouge.

Broché	10	»
Basane noire forte, filets et chiffre à froid, tranche rouge	14	»
Pégamoïd, tranche rouge	15	»
Chagrin 2ᵉ choix, noir, ornements à froid, tranche dorée	28	»
Chagrin 1ᵉʳ choix, noir, ornements à froid, tranche dorée	35	»
Chagrin 1ᵉʳ choix, couleurs, ornements à froid, tranche dorée	37	75
Chagrin 1ᵉʳ choix, noir, reliure molle, coins arrondis, tranche dorée	37	»
[Nᵒ 53] La même reliure, avec tranche rouge sous or	39	75
Chagrin 1ᵉʳ choix, noir, ornements dorés, tranche dorée	38	»
Chagrin 1ᵉʳ choix, couleurs, ornements dorés, tranche dorée	40	75
Chagrin poli, uni, avec charnières, tranche dorée	43	»
La même reliure, avec ornements dorés	46	»
Maroquin du Levant, poli, uni, tranche marbrée dorée ou tranche rouge sous or	50	»
La même reliure, avec ornements dorés	53	»

Reliures molles en chagrin 1ᵉʳ choix et en maroquin aux mêmes prix que les reliures fermes.

Ajouter aux prix des Bréviaires in-18, nᵒˢ 52 et 53, pour :

Gardes en basane maroquinée rouge	9	»
Gardes en peau (mouton anglais rouge)	13	»
Gardes en soie	13	»

BRÉVIARIUM ROMANUM

DEUX VOLUMES IN-16, MESURANT 16 × 10

ORNÉS D'UN ENCADREMENT ROUGE ET DE NOMBREUSES VIGNETTES

ÉDITION, tirée en NOIR et ROUGE sur papier INDIEN teinté.

Broché.	17 »
Chagrin 2ᵉ choix, noir, ornements à froid, tranche dorée. . .	25 »
Chagrin 1ᵉʳ choix, noir, ornements à froid, tranche dorée. . .	27 »
Chagrin 1ᵉʳ choix, couleur, ornements à froid, tranche dorée .	28 50
Chagrin 1ᵉʳ choix, noir, ornements dorés, tranche dorée . . .	28 50
Chagrin 1ᵉʳ choix, couleur, ornements dorés, tranche dorée. .	30 »
[Nº **71**] Chagrin 1ᵉʳ choix, noir, reliure molle, coins arrondis, tr. dorée.	28 50
Même reliure, avec tranche rouge sous or.	30 50
Chagrin poli, uni, avec charnières, tranche dorée	33 »
La même reliure, avec ornements dorés	34 50
Maroquin du Levant, poli, uni, tr. marbr. dor. ou tr. rouge sous or.	39 »
La même reliure, avec ornements dorés	40 50

Reliures molles en chagrin 1ᵉʳ choix et en maroquin aux mêmes prix que les reliures fermes.

Ajouter aux prix de ce Bréviaire pour :

Gardes en basane maroquinée rouge.	5 50
Gardes en peau (mouton anglais rouge).	8 »
Gardes en soie	8 »

HORÆ DIURNÆ

Un volume in-32 raisin, mesurant 12 × 8, imprimé en NOIR et ROUGE sur papier INDIEN teinté, orné d'un encadrement rouge à chaque page et de nombreuses vignettes d'après les peintures des Catacombes et les premiers monuments de l'art chrétien. — *Caractères gras, très nets et très lisibles.*

Broché.	4 50
Chagrin 2ᵉ choix, noir, ornements à froid, tranche dorée. . .	6 50
Chagrin 1ᵉʳ choix, noir, ornements à froid, tranche dorée. . .	7 75
Chagrin 1ᵉʳ choix, noir, reliure molle, coins arrondis, tr. dorée.	8 25
La même reliure avec tranche rouge sous or	8 65
Chagrin 1ᵉʳ choix, noir, ornements dorés, tranche dorée. . .	8 50
[Nº **90**] Maroquin du Levant, poli, uni, tranche marbrée dorée ou rouge sous or.	12 »
La même reliure avec gardes en soie moirée ou en peau. . .	14 25
Maroquin du Levant, poli, ornements dorés, tranche marbrée dorée ou rouge sous or.	12 75
La même reliure avec gardes en soie moirée ou en peau. . .	15 »

Reliures molles en chagrin 1ᵉʳ choix et en maroquin aux mêmes prix que les reliures fermes.

HORÆ DIURNÆ

**1 volume in-32 raisin, mesurant 12 × 8, orné d'une gravure sur acier.
Imprimé en NOIR ET ROUGE sur papier de CHINE**

Broché.	2 50
Basane gaufrée, tranche rouge ou marbrée.	3 30
Chagrin gaufré à froid, ornem. à froid. tr. dorée.	4 »
Chagrin 1ᵉʳ choix, noir, ornements à froid, tranche dorée. . .	5 75
Chagrin 1ᵉʳ choix noir, reliure molle, coins arrondis, tr. dorée,	6 25
La même reliure avec tranche rouge sous or	6 65
[Nº **91**] Chagrin 1ᵉʳ choix, noir, ornements dorés, tranche dorée. . .	6 50
Maroquin du Levant, poli, uni, tranche marbrée dorée ou rouge sous or.	10 »
La même reliure avec gardes en soie.	12 25
Maroquin du Levant, poli, ornements dorés, tranche rouge sous or ou marbrée dorée.	10 75
La même reliure avec gardes en soie.	13 »

Reliures molles en chagrin 1ᵉʳ choix et en maroquin aux mêmes prix que les reliures fermes.

HORÆ DIURNÆ

ÉDITION IN-18 (GROS CARACTÈRES)

**1 volume imprimé en ROUGE et NOIR sur papier de CHINE
mesurant 15 × 9, orné d'une gravure sur acier**

Broché	3	»
Basane gaufrée, tranche rouge ou marbrée.	4	80
Chagrin gaufré à froid, ornements à froid, tranche dorée. .	6	»
Chagrin 1er choix, noir, ornements à froid, tranche dorée. . .	9	»
Chagrin 1er choix, noir, reliure molle, coins arrondis, tr. dorée.	9	50
La même reliure avec tranche rouge sous or	10	25
[N° 92] Chagrin 1er choix, noir, ornements dorés, tranche dorée. . .	9	75
Maroquin du Levant, poli, uni, tranche marbrée dorée ou tranche rouge sous or.	13	»
La même reliure avec gardes en soie.	16	»
Maroquin du Levant, poli, ornements dorés, tranche marbrée dorée ou rouge sous or.	13	75
La même reliure avec gardes en soie.	16	75

*Reliures molles en chagrin 1er choix et en maroquin, aux mêmes prix
que les reliures fermes.*

HORÆ DIURNÆ

**Un volume in-18, mesurant 15 × 9, imprimé en NOIR et ROUGE (GROS
CARACTÈRES) sur papier INDIEN teinté, orné d'un encadrement rouge
à chaque page et de nombreuses vignettes d'après les peintures des
Catacombes et les premiers monuments de l'art chrétien.**

Broché.	5	»
Chagrin 2e choix, noir, ornements à froid, tranche dorée. . .	8	50
Chagrin 1er choix, noir, ornements à froid, tranche dorée . .	11	»
Chagrin 1er choix, noir, reliure molle, coins arrondis, tr. dorée.	11	50
La même reliure avec tranche rouge sous or	12	25
Chagrin 1er choix, noir, ornements dorés, tranche dorée. . .	11	75
[N° 49] Maroquin du Levant, poli, uni, tranche marbrée dorée ou rouge sous or.	15	»
La même reliure avec gardes en soie moirée ou en peau. . .	18	»
Maroquin du Levant, poli, ornements dorés, tranche marbrée dorée ou rouge sous or.	15	75
La même reliure, avec gardes en soie moirée ou en peau . .	18	75

*Reliures molles en chagrin 1er choix et en maroquin, aux mêmes prix
que les reliures fermes.*

HORÆ DIURNÆ

AD USUM PATRUM CONGREGATIONIS SS. REDEMPTORIS

**Un volume in-18, mesurant 15 × 9, imprimé en NOIR et ROUGE (GROS
CARACTÈRES) sur papier INDIEN teinté, orné d'un encadrement rouge
à chaque page et de nombreuses vignettes d'après les peintures des
Catacombes et les premiers monuments de l'art chrétien.**

Broché.	6	»
Chagrin 2e choix, noir, ornements à froid, tr. rouge ou dorée.	9	50
Chagrin 1er choix, noir, ornements à froid, tr. rouge ou dorée.	12	»
Maroquin du Levant, poli, uni, tranche marbrée dorée ou rouge sous or	16	»
La même reliure avec gardes en soie ou en peau	19	»

BREVIARIUM ROMANUM (TOTUM)

1 VOLUME IN-12, MESURANT 18 $\times$ 12 — AVEC UNE GRAVURE SUR ACIER

ÉDITION imprimée en NOIR ET ROUGE sur papier BLANC

Broché.	8	»
[N° 94] Chagrin gaufré à froid, tranche dorée.	14	»
Chagrin 1er choix, noir, tranche dorée.	16	»
Chagrin 1er choix, noir, ornements dorés, tranche dorée. . .	17	50

ÉDITION imprimée en NOIR ET ROUGE sur papier de CHINE

Broché.	10	75
[N° 95] Chagrin gaufré à froid, tranche dorée.	16	75
Chagrin 1er choix, noir, tranche dorée.	18	75
Chagrin 1er choix, noir, ornements dorés, tranche dorée. . .	20	25

FEUILLETS DÉTACHÉS

A AJOUTER AUX BRÉVIAIRES, CONTENANT :

Ps. Venite, — *Te Deum*, — *Absolutiones et Benedictiones*, — *Responsoria I, II et III Nocturni*, — *Psalmi ad Laudes. ad Primam, ad Tertiam, ad Sextam, ad Nonam, ad Vesperas*, — *Commemorationes communes, Antiphonæ et Versiculi pro Commemoratione Sanctorum*. — PRIX. . . . . » 75

Toutes les Reliures de nos Bréviaires, à l'exception des reliures chagrin gaufré, pégamoïd et basane, sont solidement cousues sur nerfs.

Les reliures en chagrin 1er choix demandées avec tranche rouge sous or ou tranche marbrée dorée sont augmentées de 2 fr. 75 pour les Bréviaires en quatre volumes et de 2 francs pour le Bréviaire en deux volumes.

NOTA. — *La maison fait en outre,* pour les **Bréviaires**, *des reliures en* chagrin *Ier* choix plats et dos souples, *qui, outre la flexibilité des plats,* ONT UNE ENDOSSURE SPÉCIALE, *et augmentent la reliure du prix de* **4** *fr. pour les Bréviaires en quatre volumes et de* **3** *fr. pour le Bréviaire en deux volumes.*

INITIALES dorées ou à froid sur chaque volume : 0 fr. 20.

CUSTODES POUR BRÉVIAIRES : In-12 et in-16, 3 fr. 40. — In-18, 2 fr. 75
   —   **DIURNAUX :** In-18, 2 fr. 75. — In-32, 2 fr. 50

Nous nous chargeons d'adapter à nos éditions, en toutes reliures et sans augmentation de prix, pourvu que leur format soit conforme à celui de ces éditions, les **PROPRES DIOCÉSAINS** ou **RELIGIEUX** qui nous sont adressés.

L'exécution de ces reliures demande un délai d'un mois.

OFFICIA VOTIVA PER ANNUM

1 volume in-16, mesurant 16 × 10.

Imprimé en noir et rouge, **caractères très nets et très lisibles,** édition ornée d'un encadrement rouge; texte soigneusement revu et approuvé. Ce volume, très portatif, contient *in extenso* les *Offices votifs* concédés par Sa Sainteté Léon XIII, *les Psaumes des Vêpres, des Nocturnes, des Laudes, des Petites Heures* et les nouveaux offices concédés depuis plusieurs années.

[Nº **171** *bis*] Cartonnage souple, toile noire, tranche rouge. 1 50

OFFICIA VOTIVA PER ANNUM

Additis Lectionibus Scripturæ occurrentis, Festorum simplicium ac Vigiliarum, Orationibus Sanctorum, necnon Vesperis Dominicarum Festorumque semiduplicium, quæ ad Officia ista integre recitanda pertinent.

UN VOLUME IN-16, MESURANT 16 × 10

Imprimé en noir et rouge, **caractères très nets et très lisibles,** édition ornée d'un encadrement rouge; texte soigneusement revu et approuvé. Ce volume, très portatif, contient *in extenso* les *Offices votifs* concédés par Sa Sainteté Léon XIII, *les Psaumes des Vêpres, des Nocturnes, des Laudes et des Petites Heures; les Leçons de l'Écriture occurrente et les nouveaux Offices* concédés depuis plusieurs années. L'utilité et la commodité de ce volume, qui dispense, à certaines heures, de se charger d'un bréviaire, sont indiscutables.

[Nº **172** *bis*] Broché. 2 50
        Relié en percaline noire, souple, tranche rouge. 3 50

ADDITIONES ET VARIATIONES

In Rubricis generalibus et specialibus Breviarii et Missalis romani inducendæ ex Decreto die 11 Decembris 1897.

Cette brochure in-8º raisin contient le texte intégral des changements apportés dans les rubriques du Bréviaire et du Missel romain par la Sacrée Congrégation des Rites, dans son décret du 11 décembre 1897.

     Broché. . . . .   » 60

PRECES RECITANDÆ POST MISSAM

De mandato SS. D. N. Leonis XIII,
a quolibet Sacerdote in fine cujusque Missæ sine cantu celebratæ.

RICHE IMPRESSION EN ROUGE ET NOIR AVEC RICHE ENCADREMENT

     Collé sur carton, bande toile. . . . .   » 30

OFFICES PROPRES

POUR AJOUTER AUX ÉDITIONS D'AUTRE PART

SANS REMISE

Compagnie	Bréviaire in-12.	2	»	Irlande	Bréviaire in-18.	1	»
de	Bréviaire in-18.	2	»	—	Diurnal	»	50
Jésus	Missel in-f°. . .	2	»	Rédempto-	Bréviaire in-12.	3	50
—	Missel in-4°. . .	2	»	ristes	Bréviaire in-18 .	3	50
—	Diurnal.	»	50	Espagne	Missel illustré in-		
Lazaristes	Missel in-f°. . .	»	25		folio.	2	50
—	Missel in-4°. . .	»	25	—	Missel in-4°. . .	2	50
—	Bréviaire in-12.	3	»	—	Bréviaire in-12.	5	»
—	Bréviaire in-18.	3	»	—	Bréviaire in-18.	5	»
—	Diurnal.	»	75	—	Brév. (Totum) .	1	»
Canada	Missel in-f°. . .	»	50	—	Diurnal	»	50
—	Missel in-4°. . .	»	50	Lima	Missel in-4°. . .	»	50
—	Bréviaire in-12.	1	»	—	Bréviaire	»	75
—	Bréviaire in-18.	1	»	Chili	Missel in-4°. . .	3	50
—	Diurnal	»	50	Congrégation	Missel	»	50
Irlande	Missel illust.in-f°	1	»	du	Bréviaire	1	»
—	Missel in-4°. . .	»	25	Saint-Esprit.	Diurnal	»	30
—	Bréviaire in-12.	1	»				

OFFICES PROPRES DES CHANOINES DE LATRAN

Un volume in-12, imprimé en noir et rouge, sur **papier INDIEN.**

PRIX : broché, **6** fr. — Net, **5** fr.

Nous sommes éditeurs des Offices propres pour les Missels, Bréviaires, Diurnaux et Paroissiens des diocèses suivants :

AGEN — ALBI — BESANÇON — BLOIS — CARCASSONNE — DIJON — LA ROCHELLE — MONTPELLIER — NANTES — NEVERS — ORLÉANS — RODEZ — REIMS — SAINT-CLAUDE — SAINT-DIÉ — TOURS.

Pour les Missels, Bréviaires et Diurnaux :

ALGER — CARTHAGE — CHAMBÉRY — CONSTANTINE — MARSEILLE — ORAN — PERPIGNAN SAINT-JEAN-DE-MAURIENNE — SAINT-FLOUR (Missel seulement) — TARENTAISE.

Et pour les Paroissiens seulement :

BAYONNE — BORDEAUX — BOURGES — LUÇON — PARIS — QUIMPER — SOISSONS.

CATÉCHISMES DIOCÉSAINS

Nous sommes éditeurs du Catéchisme pour les diocèses de :

AGEN — ALBI — LA ROCHELLE — TOURS.

LE
CLERGÉ FRANÇAIS

ANNUAIRE ECCLÉSIASTIQUE
ET DES CONGRÉGATIONS RELIGIEUSES
POUR 1900

SEPTIÈME ANNÉE

Un volume in-8º de plus de 1200 pages, renfermant, classés par diocèses, les documents les plus précis sur le haut Clergé, le Clergé des paroisses (avec l'indication des bureaux de poste et des gares de chemins de fer), les Aumôniers, les Séminaires et les Maisons religieuses d'éducation avec la liste des professeurs, les Congrégations et les Communautés avec une notice historique sur leurs origines, le but de chacune d'elles et les différents établissements qu'elles dirigent.

Dans une table spéciale, placée à la fin du volume, les Congrégations sont groupées par diocèses, à la suite des Maisons mères dont elles dépendent.

PRIX : broché. . . . .   8 fr.

Remise : 25 %

SIGNETS, FERMOIRS, COINS ET APPLIQUES

Prix à ajouter à toutes les Reliures :

SIGNETS en soie unie, glands dorés, pour Missels.	3	50
— très riches, en soie moirée, glands dorés pour Missels	5	»
FERMOIR doré ou argenté, pour Missels in-4º.	1	25
GARNITURE de 4 coins jonc doré, pour Missels.	2	50
GARNITURE DE COINS dorés ou argentés, pour Missels	4	»
GARNITURE de 4 coins jonc et 2 fermoirs dorés ou argentés, pour Missels. . .	8	»
FERMOIRS OXYDÉS ou dorés à côtés griffes, pour vol. in-18, in-32 raisin et carré en riches reliures.	»	50
FERMOIRS NICKELÉS ou dorés, bandes unies, côtés griffes, pour vol. in-18, in-32 raisin et carré	»	20
FERMOIRS DORÉS, à jour, côtés griffes, pour vol. in-18, in-32 raisin et carré.	»	20
FERMOIRS DORÉS ou **NICKELÉS** pour gros volumes in-18	»	25
FERMOIRS ou **GARNITURES** de **COINS** dorure ou argenture forte.	»	30
FERMOIRS ou **GARNITURES** de **COINS** dorés ou argentés	»	20
CROIX ou **CHIFFRES A. M.**, argentés ou dorés	»	20

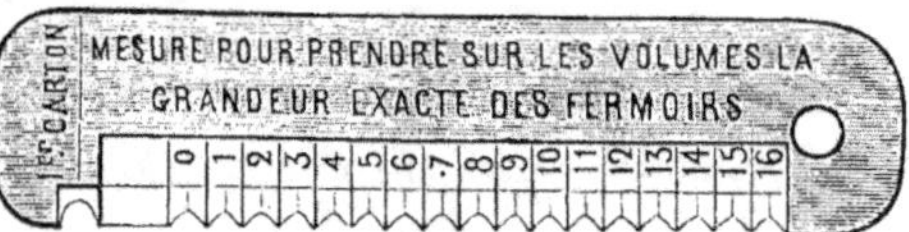

TARIF
pour les chiffres en argent niellé et maillechort gravé.

HAUTEUR EN MILLIMÈTRES	ARGENT NIELLÉ	ARGENT GRAVÉ allongé à l'italienne	MAILLECHORT ciselé
30	8 fr. »	6 fr. »	4 fr. 50
35	9 50	» »	» »
40	11 »	7 50	6 »
45	12 »	» »	» »
50	13 »	9 50	8 »
55	14 »	» »	» »
60	15 »	12 50	10 50
65	16 »	» »	» »
70	17 »	15 »	12 50
75	19 »	» »	» »
80	20 »	18 »	15 »

Les chiffres de trois lettres valent 1 fr. 50 en plus jusqu'à 60^m, et 2 fr. au-dessus.

Chiffres estampés de deux lettres en imitation de vieil argent, Renaissance ou Louis XV. Hauteur 0,30^m environ.	1 »
Couronnes estampées pour surmonter les chiffres ci-dessus.	» 20
Lettres en argent, gravées, pour encoignures, 0,15^m . .	» 75
— — 0,20^m . .	1 »
— — 0,30^m . .	1 50

COURONNES

	Argent
30^{mm}	5 fr. »
50^{mm}	7 50
70^{mm}	9 »

La fabrication des chiffres et couronnes demande environ huit jours.

Mesure pour prendre la hauteur des chiffres.

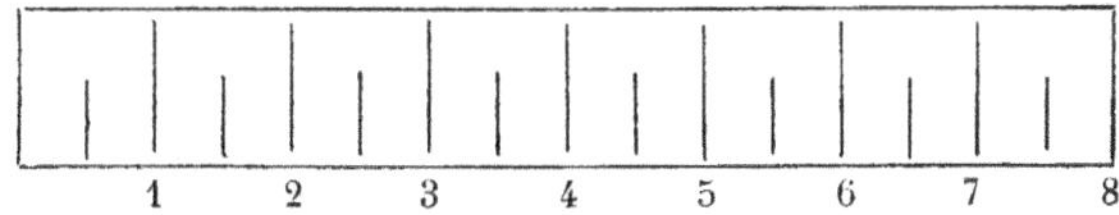

BRACELETS POUR PAROISSIENS
AVEC MÉDAILLES IMITATION VIEIL ARGENT
RÉUNIS PAR SIX SUR UN SEUL CARTON

3 modèles.   Carte n° 1, la demi-douzaine. . . .   3 50
             Carte n° 3, la demi-douzaine . . . .   5 »

VII

LIVRES D'OFFICES ET DE PIÉTÉ

PUBLIÉS

AVEC APPROBATION DE MONSEIGNEUR L'ARCHEVÊQUE DE TOURS

RIT ROMAIN

GRAVURES ET TITRES SONT NOTRE PROPRIÉTÉ, ET NE SE TROUVENT QUE DANS NOS ÉDITIONS

NOUVEAU MISSEL DES SAINTES FEMMES
DE FRANCE

Orné de 10 héliogravures coloriées
et de 32 encadrements variés de couleurs et rehaussés d'or,
d'après les compositions de Mlle Sonrel.

Édition de grand luxe, mesurant 17 × 13, contenant les Évangiles des principales Fêtes et de tous les Dimanches de l'année, la Messe et les Vêpres du Dimanche, etc.

Maroquin du Levant, poli, uni, tranche marbrée dorée, gardes
[N° 26]   en soie, écrin riche.   30   »
Veau russe, rouge ou noir, uni, tranche marbrée dorée, gardes
en soie, écrin riche.   32   »

MISSEL

Orné de 18 sujets, dont 1 frontispice, 1 titre et 16 sujets
coloriés à la main
d'après les compositions de Mlle Sonrel.

Splendide édition en caractères gothiques, format allongé, mesurant 15 × 8, contenant l'Ordinaire de la Messe, la Messe de Mariage et les Vêpres du Dimanche.

Plié, renfermé dans un portefeuille.   15   »
Maroquin du Levant, poli, uni, tranche marbrée dorée, gardes
[N° 170]   en soie, écrin riche.   20   »
Veau russe, rouge ou noir, uni, tranche marbrée dorée, gardes
en soie, écrin riche.   22   »

Ce missel a été tiré en noir et or pour pouvoir être colorié par les amateurs.

PRIX : 8 francs.

LIVRE D'HEURES

POUR MARIAGE

Édition de grand luxe, mesurant 15×12.

Contenant les Offices des principales Fêtes de l'année, la Messe et les Vêpres du Dimanche, l'ordre et l'explication des cérémonies du mariage, des lectures et des prières pour les époux, par Mme la C^sse de Flavigny.

**Encadrements variés, frises, culs-de-lampe,
reproduisant les types exacts de tous les genres de dentelles
depuis les origines jusqu'à nos jours,
quatre gravures à l'eau-forte, d'après les dessins de Henri Carot.**

(Une notice explicative des ornements accompagne cette édition.)

Plié et renfermé dans un portefeuille	8	»
[N° 15] Maroquin du Levant, poli, couleurs variées, gardes chromo . .	13	»
La même reliure avec gardes en soie.	15	50
Riche écrin, garni en satin bouillonné, livré avec le volume .	2	»

Il a été tiré :

100 exemplaires numérotés sur papier teinté.	15	»
30 exemplaires numérotés sur papier du Japon.	20	»

LIVRE D'HEURES

DE LA PREMIÈRE COMMUNION

Édition de grand luxe, mesurant 15×12.

Contenant les Offices des principales Fêtes de l'année, la Messe et les Vêpres du Dimanche et des instructions pour le jour et le lendemain de la première Communion et pour la Confirmation, par Mme la C^sse de Flavigny.

**Encadrements variés, frises, culs-de-lampe,
reproduisant les types exacts de tous les genres de dentelles
depuis les origines jusqu'à nos jours,
quatre gravures à l'eau-forte, d'après les dessins de Henri Carot.**

Plié et renfermé dans un portefeuille	8	»
Maroquin du Levant, poli, couleurs variées, gardes chromo . .	13	»
[N° 86] La même reliure, avec gardes en soie.	15	50
Riche écrin, garni en satin bouillonné, livré avec le volume.	2	»

MISSEL ROMAIN

DIT DE JEANNE D'ARC

L'illustration, tirée des principaux faits de la vie de la Vénérable,
se compose de six grandes compositions hors texte, tirées en héliogravure,
et de vingt frises d'après les dessins de Luc-Olivier Merson.
Le texte est orné de magnifiques encadrements dessinés par Giraldon.
La gravure a été exécutée par Thévenin et Quesnel.
Les ornements des pages sont imprimés en plusieurs couleurs.
Édition de grand luxe, mesurant 15 × 12, contenant l'Office des Dimanches
et des principales Fêtes de l'année.

TIRAGE SUR PAPIER VELIN

Plié, renfermé dans un portefeuille. . . . .   6 »
Maroquin poli, avec charnières, tranche dorée 7 50
La même reliure avec gardes en soie. . . . . 10 »
Maroquin du Levant, poli, uni, gardes riches. . . . . 11 »
La même reliure avec gardes en soie 13 50
Veau russe, rouge ou noir, uni, gardes en soie 15 50

[N° 161]   **TIRAGE SUR PAPIER INDIEN**

Plié, renfermé dans un portefeuille. . . . .   9 »
Maroquin poli, charnières, tranche dorée 10 50
La même reliure, avec gardes en soie . . . . 13 »
Maroquin du Levant, poli, uni, gardes riches. . . . . 14 »
La même reliure avec gardes en soie. 16 50
Veau russe, rouge ou noir, uni, gardes en soie. 18 50

Par cent net : 50 c. de remise.

Riche écrin, garni en satin bouillonné, livré avec le volume.   2 »

HEURES ROMAINES

Magnifique édition illustrée dans le style du XVᵉ siècle, mesurant 15 × 13.

Contenant l'Office des Dimanches et des principales Fêtes de l'année, en français
et en latin; ornée de trente sujets hors texte; cent encadrements variés; texte
rouge et noir (en caractères elzéviriens). — Compositions de A. QUEYROY,
gravées par A. GUSMAN. — Tirage de luxe sur papier de Hollande, fabriqué
spécialement par la maison VAN GELDER ZONEN, d'Amsterdam.

Plié et renfermé dans un portefeuille . . . . 10 »
Maroquin poli, avec charnières, tranche dorée. . . . . . . 15 »
La même reliure, avec gardes en soie . . . . 18 »
Maroquin du Levant, poli, uni, tr. marbrée dorée, gardes soie. 26 »
Riche écrin, garni en satin bouillonné, livré avec le volume.   2 50

HEURES DE LA SAINTE VIERGE

**Très belle édition illustrée dans le style du XVIᵉ siècle
mesurant 15 × 12**

Contenant l'Ordinaire de la Messe, l'Office de la sainte Vierge, l'Office de l'Immaculée Conception, la Messe et les Vêpres de toutes les fêtes de la sainte
Vierge, la Messe de Mariage, des notices sur les différentes confréries et congrégations, etc.; encadrements variés; douze magnifiques sujets de différentes
couleurs imprimés en camaïeu. — Compositions de A. QUEYROY. — Texte rouge
et noir (en caractères elzéviriens). — Tirage de luxe sur papier de Hollande.

Plié et renfermé dans un portefeuille . . . . 10 »
Maroquin poli, avec charnières, tranche dorée. . . . . . . 15 »
La même reliure, avec gardes en soie . . . . 18 »
Maroquin du Levant, poli, uni, tr. marbrée dorée, gardes soie. 26 »
Riche écrin, garni en satin bouillonné, livré avec le volume.   2 50

MISSEL ROMAIN

DIT DES SEPT SACREMENTS

Édition nouvelle grand in-18, mesurant 17 × 13.

Contenant les Évangiles des principales Fêtes et de tous les Dimanches de l'année,
la Messe et les Vêpres du Dimanche, etc.

**Encadrements en plusieurs couleurs sur fond or, d'après Habert-Dys;
sept grandes planches et soixante-quatre sujets
d'après les dessins de Mouchot.**

Plié et renfermé dans un portefeuille	7	»
[N° 24] Maroquin du Levant, poli, uni, gardes chromo	17	»
La même reliure, avec gardes en soie	20	»
Veau russe, rouge ou noir, uni, gardes en soie	22	»
Riche écrin garni en satin bouillonné, livré avec le volume.	2	50

N. B. — Ce volume est accompagné d'une notice explicative sur l'illustration.

MISSEL ROMAIN

**Illustré de cadres en or et plusieurs couleurs, composition de Le Doux,
et de quatre sujets hors texte, tirés en camaïeu d'après Queyroy.**

Édition de grand luxe, contenant les Offices des principales Fêtes de l'année,
la Messe et les Vêpres du Dimanche. Mesurant 15 × 12.

Plié, renfermé dans un portefeuille	3	»
[N° 146] Maroquin poli, avec charnières, tranche dorée.	7	»
La même reliure, avec gardes en soie.	9	»
Maroquin du Levant, uni, tranche marbrée dorée.	10	»
La même reliure, avec gardes en soie	12	»

Par cent net : 50 cent. de remise.

Riche écrin, garni en satin bouillonné, livré avec le volume.   1   50

LE JOUR DU MARIAGE

PAR MADELEINE ALBINI CROSTA

TRADUIT DE L'ITALIEN PAR M. L'ABBÉ F.-M. DIDIER

**Illustrations dans le style du XVe siècle. Compositions de Queyroy,
gravées par A. Gusman.**

En portefeuille.	5	»
[N° 148] Maroquin du Levant, couleurs variées, tranche marbrée dorée.	8	»
La même reliure, avec gardes en soie.	11	»

Riche écrin, garni en satin bouillonné, livré avec le volume.   2   50

MISSEL ROMAIN

DIT DES CATACOMBES

Magnifique édition illustrée d'après **les peintures des catacombes**, mesurant
15×12; contenant l'Office des Dimanches et des principales Fêtes de l'année.

Encadrements variés par Ciappori; les sept Sacrements,
dessins hors texte par O. Merson, imprimés en deux teintes recto et verso.
Format grand in-32 jésus.

Maroquin poli, avec charnières, vert, grenat, hussard, olive, cuivre, tranche dorée	5	50
[Nº 75] La même reliure, avec gardes en soie	7	50
Maroquin du Levant, poli, uni, gardes chromo	8	50
La même reliure, avec gardes en soie	10	50
Veau russe, rouge ou noir, uni, gardes en soie	12	50

Par cent net : 50 c. de remise.

Riche écrin, garni en satin bouillonné, livré avec le volume.   1   50

MISSEL ROMAIN DES CATHÉDRALES

A L'USAGE DES FIDÈLES

Contenant l'Office des principales Fêtes de l'année, les Prières du matin et du soir,
les Vêpres et Complies du Dimanche, etc. Mesurant 15 × 12.

Magnifique édition avec encadrements rouges.
108 dessins d'Alexandre de Bar, d'après toutes les cathédrales de France.
4 gravures en chromolithographie, reproduction de vitraux.

Maroquin poli, avec charnières, tranche dorée.	5	50
[Nº 149] La même reliure, avec gardes en soie.	7	50
Maroquin du Levant, poli, uni, tranche marbrée dorée	8	50
La même reliure, avec gardes en soie	10	50

Par cent net : 50 c. de remise.

Riche écrin, garni en satin bouillonné, livré avec le volume.   1   50

N. B. — Ce volume est accompagné d'une notice explicative sur l'illustration.

MISSEL DES SAINTS ANGES

Contenant les offices de tous les Dimanches et des principales Fêtes de l'année.
Édition de luxe imprimée en plusieurs couleurs. Texte orné de 32 gravures
d'après les dessins de Mouchot et d'Habert Dys. 4 sujets hors texte en héliogravure.

Maroquin poli, charnières, tranche dorée.	5	»
[Nº 37] La même reliure avec gardes en soie	6	75
Maroquin du Levant, tranche marbrée dorée	7	75
La même reliure, avec gardes en soie	9	50

Par cent net : 25 c. de remise.

MISSEL ROMAIN
A L'USAGE DES FIDÈLES

Très belle édition sur papier teinté, mesurant 15×12, contenant l'Office des Dimanches et des principales Fêtes de l'année.

Encadrements variés, compositions de Leniept ; belles gravures hors texte d'après Gustave Doré.

Mouton anglais, grenat ou vert, uni ou avec dentelle équerre à froid, gardes chromo, tranche dorée, étui.	3	50
La même reliure, avec dentelle équerre dorée.	4	»
La même reliure, avec dentelle dorée tournante.	4	25
Mouton grain long, poli, vert ou grenat, gardes chromo, tr. dorée.	3	75
La même reliure, avec dentelle équerre dorée.	4	25
[N° 1] Cuir anglais, grenat, vert, poli, tranche dorée, gardes chromo. .	3	75
La même reliure, avec dentelle dorée tournante.	4	50
Imitation de maroquin poli, olive, grenat, hussard, tr. dorée.	4	25
La même reliure, avec dentelle dorée tournante.	5	»
Imitation de maroquin poli, reliure souple, coins arrondis, tranche dorée, une gravure.	3	50
La même reliure, avec dentelle dorée sur plats	4	25
Maroquin poli, avec charnières, vert, grenat, hussard, olive, cuivre, gardes chromo, tranche dorée	5	50
La même reliure, avec gardes en soie	7	50
Maroquin du Levant, poli, tr. marbrée dorée, gardes chromo. .	8	50
La même reliure, avec gardes en soie	10	50

Par cent net : 50 c. de remise.

Riche écrin, garni en satin bouillonné, livré avec le volume.	1	50

MISSEL ROMAIN ILLUSTRÉ

Très belle édition, format in-32, mesurant 12×10. Contenant l'Office de tous les Dimanches et des principales Fêtes de l'année, le Chemin de la Croix, etc.

Cadres et frises par Ciappori. Quatre sujets hors texte d'après les peintures de Fra Angelico.

Imitation de maroquin, poli, uni, reliure souple, coins arrondis, tranche dorée, fourreau.	2	25
La même reliure, avec dentelle dorée tournante.	2	85
Mouton anglais, grenat , dentelle à froid, tranche dorée	2	50
La même reliure, avec dentelle équerre dorée.	3	»
Cuir anglais, poli, vert ou grenat, uni, tranche dorée	2	75
La même reliure, avec dentelle dorée tournante	3	50
[N° 120] Imitation de maroquin poli, olive, grenat, hussard, tr. dorée.	3	25
La même reliure, avec dentelle dorée tournante.	4	»
Maroquin poli, avec charnières, grenat, vert, hussard, olive, cuivre, uni, gardes chromo, tranche dorée.	3	75
La même reliure, avec gardes en soie	5	25
Maroquin du Levant, noir, poli, gardes noires, tranche noire.	6	25
Maroquin du Levant, poli, uni, gardes chromo, tr. marbrée dorée.	6	25
La même reliure, avec gardes en soie.	7	75

Par cent net : 25 c. de remise.

Riche écrin, garni en satin bouillonné, livré avec le volume. .	1	50

MISSEL ROMAIN ILLUSTRÉ

(EN GROS CARACTÈRES)

ENCADREMENTS VARIÉS PAR OULEVAY

BELLE ÉDITION SUR PAPIER INDIEN

**Volume mince, malgré l'importance du texte et la grosseur du caractère,
mesurant 15 × 12**
Contenant l'office de tous les Dimanches et principales Fêtes de l'année.

QUATRE GRAVURES SUR ACIER HORS TEXTE D'APRÈS HALLEZ

Chagrin 1er choix, noir, tranche dorée ou noire	6	»
[N° 159] Chagrin 1er choix, grenat ou La Vallière, tranche dorée . . .	6	25
Chagrin poli, avec charnières, couleurs variées, tr. dorée . .	7	50
La même reliure, avec gardes en soie.	9	50

Par cent net : 50 c. de remise.

MISSEL ROMAIN ILLUSTRÉ

Nouvelle édition grand in-32 jésus, mesurant 13 × 10; contenant l'Office de
tous les Dimanches et des principales Fêtes de l'année, le Chemin de la Croix, etc.

Riches encadrements par Trumeau, quatre belles gravures sur acier.

Imitation de maroquin, poli, uni, reliure souple, coins arrondis, tranche dorée, fourreau.	2	50
La même reliure, avec dentelle dorée tournante. . . .	3	10
Mouton anglais, grenat ou vert, uni ou avec équerre en relief à froid, tranche dorée.	2	50
La même reliure, avec dentelle équerre dorée	3	»
La même reliure, avec dentelle dorée tournante	3	25
Mouton grain long, poli, vert ou grenat, gardes chromo, tr. dor.	3	»
La même reliure, avec dentelle équerre dorée	3	50
[N° 64] Cuir anglais, grenat ou vert, poli, tranche dorée.	3	»
La même reliure, avec dentelle dorée tournante	3	75
Imitation de maroquin poli, olive, grenat, hussard, tr. dorée.	3	50
La même reliure, avec dentelle dorée tournante	4	25
Maroquin poli, avec charnières, vert, grenat, hussard, olive, cuivre, gardes chromo, tranche dorée.	4	»
La même reliure, avec dentelle dorée.	5	»
Maroquin poli, uni, avec charnières et gardes en soie.	5	50
Maroquin du Levant, poli, tr. marbrée dorée, gardes chromo.	6	50
La même reliure, avec gardes en soie.	8	»
Veau russe, rouge ou noir, uni, gardes en soie	9	50

Par cent net : 25 c. de remise.

| Riche écrin, garni en satin bouillonné, livré avec le volume. . | 1 | 50 |

PAROISSIENS DE LUXE
ÉDITIONS TRÈS COMPLÈTES

NOUVEAU PAROISSIEN ROMAIN (TRÈS COMPLET). Nouvelle édition imprimée en noir et rouge, **sur papier indien**, orné d'une héliogravure par volume, **caractères très lisibles; 4 volumes in-32 raisin**, mesurant 11 × 8, contenant les Offices de tous les jours de l'année, les Épîtres et Évangiles en français et en latin, le Chemin de la Croix, etc. Tirage avec encadrement rouge.

Chagrin 1ᵉʳ choix, noir, reliure molle, tranche dorée	14	»
Chagrin 1ᵉʳ choix, La Vallière et grenat, reliure molle. . . .	14	40
[N° 80] Chagrin poli, uni, avec charnières, vert, grenat, hussard, olive et cuivre, tranche dorée, gardes chromo.	16	»
La même reliure, avec gardes en soie.	20	»
Maroquin du Levant, poli, tranche marbrée dorée.	20	»
La même reliure, avec gardes en soie	24	»

Par cent net : 1 fr. de remise.

LES 4 VOLUMES SONT RENFERMÉS DANS UN ÉTUI

Écrin bibliothèque, couvert en toile, avec intérieur satin, livré avec le volume.	2	»
Écrin riche, garni en satin bouillonné	5	»

PAROISSIEN ROMAIN (TRÈS COMPLET); 4 volumes in-32, mesurant 12 × 8. Contenant les Offices de tous les jours de l'année, les Épîtres et Évangiles en français, le Chemin de la Croix, etc.

Très belle édition sur papier teinté, encadrement rouge, frises et sujets hors texte dans le style du XVᵉ siècle, par **A. Queyroy.**

Chagrin 1ᵉʳ choix, noir, tranche dorée.	14	»
Chagrin 1ᵉʳ choix, La Vallière ou grenat, tranche dorée . . .	14	40
[N° 119] Maroquin poli, avec charnières, vert, grenat, hussard, olive. cuivre, tranche dorée, gardes chromo.	16	»
Maroquin du Levant, poli, tr. marbrée dorée, gardes chromo.	20	»
La même reliure, avec gardes en soie	24	»

Par cent net : 1 fr. de remise.

Écrin riche, garni en satin bouillonné.	5	»

PAROISSIEN ROMAIN (TRÈS COMPLET): 4 volumes in-32 petit carré (LIVRE DE POCHE), mesurant 10 × 7; contenant les Offices de tous les jours de l'année, les Épîtres et Évangiles en latin et en français, le Chemin de la Croix, etc.

Édition ornée d'un encadrement rouge et d'une gravure par volume.

Chagrin 1ᵉʳ choix, noir, tranche dorée.	12	»
Chagrin 1ᵉʳ choix, La Vallière, tranche dorée.	12	40
[N° 79] Chagrin poli, avec charnières, vert, grenat, hussard, olive et cuivre, tr. dorée, gardes chromo	14	»
La même reliure, avec gardes en soie.	18	»
Maroquin du Levant, poli, tranche marbrée dorée.	18	»
La même reliure, avec gardes en soie	22	»

Par cent net : 1 fr. de remise.

LES 4 VOLUMES SONT RENFERMÉS DANS UN ÉTUI

Écrin bibliothèque, couvert en toile, avec intérieur satin, livré avec le volume.	2	»
Écrin riche, garni en satin bouillonné	5	»

OFFICES COMPLETS, suivant le Rit romain, **4 volumes in-32 jésus** (nouvelle édition), mesurant 15 × 9, contenant les Messes de tous les jours de l'année et les Offices de la semaine; ornés chacun d'une gravure sur acier d'après L. Hallez.

Basane gaufrée, filets dorés, tranche marbrée.	14	»
Basane propre, bordée, tranche rouge unie.	16	»
Chagrin gaufré à froid, tranche dorée ou rouge	17	»
[N° **105**] Chagrin 1er choix, noir, tranche dorée, titre colorié	21	»
Chagrin 1er choix, La Vallière, tranche dorée, titre colorié. .	22	»
Maroquin du Levant, poli, tranche marbrée dorée, gardes chromo.	32	»

Par cent net : 1 fr. 50 de remise.

PAROISSIEN ROMAIN, en **2 volumes minces, caractères très lisibles. Tirage soigné sur papier indien.** Format in-32 jésus, mesurant 13 × 9. Contenant, en français et en latin, les Offices de tous les Dimanches et de toutes les Fêtes de l'année qui peuvent se célébrer le Dimanche, et plusieurs Offices concédés par les Souverains Pontifes.

Chagrin 2e choix, noir, tranche dorée.	8	»
Chagrin 2e choix, La Vallière ou grenat, tranche dorée . . .	8	30
Chagrin 1er choix, noir, tranche dorée.	12	»
[N° **56**] Chagrin 1er choix, La Vallière ou grenat, tranche dorée. . .	12	30
Maroquin poli, avec charnières, tranche dorée	14	»
La même reliure, avec gardes en soie.	17	»
Maroquin du Levant, poli, tranche marbrée dorée.	18	»
La même reliure, avec gardes en soie.	21	»

Par cent net : 1 fr. de remise.

PAROISSIEN ROMAIN ILLUSTRÉ

Édition in-32 carré (512 pages), mesurant 11 × 8. Contenant les Offices de tous les Dimanches et des principales Fêtes de l'année, en latin et en français; le Chemin de la Croix, etc.

Texte encadré, orné de gravures sur acier.

Basane grenat, reliefs, tr. dorée, 2 fermoirs dorés, fourreau.	1	40
Imitation de maroquin, poli, uni, reliure souple, coins arrondis, tranche dorée, fourreau.	1	90
La même reliure, avec dentelle dorée tournante	2	50
Chagrin 2e choix, noir, tranche noire	2	15
Cuir anglais, grenat ou vert, poli, tranche dorée.	2	20
[N° **2**] La même reliure, avec dentelle dorée tournante	2	80
Imitation de maroquin poli, olive, grenat, hussard, tr. dorée.	2	50
La même reliure, avec dentelle dorée tournante.	3	10
Chagrin poli, avec charnières, grenat, vert, hussard, olive, cuivre, uni, gardes chromo	3	»
La même reliure, avec dentelle dorée	3	75
Chagrin poli, uni, charnières, gardes en soie.	4	25
Maroquin du Levant, poli, uni, gardes chromo, écrin	4	50
La même reliure, avec gardes en soie.	5	75

Par cent net : 15 c. de remise.

GARNITURES ET FERMOIRS EN CELLULOIDE, étui.

N° 36. — 3 sujets en relief, plaques moulées, 1 fermoir. . . .	2	25
N° 37. — 3 sujets en relief, mêmes modèles, 2 fermoirs . . .	2	50
N° 38. — 3 sujets incrustés, bords Louis XV, 1 fermoir. . .	3	»
N° 39. — 5 sujets, appliques ivoire, 1 fermoir.	3	»
N° 40. — 5 sujets, mêmes modèles, 2 fermoirs.	3	25
N° 44. — 3 sujets en relief, décorés en or, 1 fermoir.	4	»
N° 45. — 3 sujets en relief, décorés en or et incrustés, 1 ferm.	4	50

PAROISSIEN ROMAIN, in-32 carré (512 pages), mesurant 11×7, contenant les Offices de tous les Dimanches et des principales Fêtes de l'année, en latin et en français; le Chemin de la Croix, etc. **Édition ornée d'un encadrement rouge.**

Basane grenat, ornements en relief, tr. dorée, 1 grav., cadre jonc 3 côtés, étui-fourreau.	1 20
La même reliure, avec 1 fermoir nickelé.	1 15
Mouton chagriné, noir ou grenat, tr. dorée, 2 gravures.	1 05
Mouton anglais, grenat, uni, tranche dorée.	1 20
Mouton anglais, grenat, dentelle dorée tournante.	1 70
Mouton, grenat, petit chagrin, ouaté, ornements en relief à froid, tranche dorée.	1 20
La même reliure, avec ornements en relief, dorés et à froid.	1 30
Imitation de maroquin, demi-souple, équerre à froid, tranche dorée, fourreau.	1 30
[N° 74] Mouton, grain long, poli, grenat ou vert, ouaté, ornem. dorés et à froid, tranche dorée	1 65
Cuir anglais, grenat ou vert, poli, tranche dorée.	1 65
Imitation de maroquin, poli, uni, reliure souple, grenat, vert ou hussard, coins arrondis, tranche dorée.	1 75
La même reliure, avec dentelle dorée tournante.	2 25
Chagrin gaufré à froid, noir, tranche dorée, 3 gravures.	1 55
Chagrin gaufré à froid, La Vallière ou grenat, tr. dor., 3 grav.	1 65
Chagrin 1er choix, noir, tranche dorée, titre colorié, 4 gravures.	2 25
Chag. 1er choix, La Vallière ou grenat, tr. dorée, 4 gr., titre col.	2 40
Chagrin poli, vert, grenat, hussard, tr. dorée, gardes chromo.	2 50

Par cent net : 15 c. de remise.

GARNITURES EN IVOIRE. — Plaque et dos ivoire, 4 grav., titre en couleur, écrin.

N° 1. — Plaque unie, fermoir argenté.	6 75
N° 2. — Croix, fermoir argenté.	7 »
N° 3. — Croix, fermoir ivoire.	7 25
N° 4. — Sujets sculptés, 4 modèles, fermoir argenté.	8 »
N° 5. — Sujets sculptés, 4 modèles, fermoir argenté.	8 50
N° 5 bis. Sujets sculptés, 4 modèles, fermoir ivoire	8 75
N° 6. — Sujets en encoignure, 2 modèles, fermoir ivoire.	9 50
N° 7. — Sujets sculptés, 2 modèles, fermoir argent.	11 »
Ajouter pour un riche écrin garni velours et soie	1 »

GARNITURES ET FERMOIRS EN CELLULOIDE, étui.

N° 29. — Sujets en relief, 3 modèles, 1 fermoir	1 60
N° 30. — Sujets incrustés, 3 modèles, 1 fermoir	2 75
N° 32. — Sujets incrustés, bords Louis XV, 3 modèles, 1 fermoir.	3 »
N° 33. — Sujets sculptés en ivoire, dans un ovale, 5 modèles, 1 fermoir	3 »
N° 34. — Sujets incrustés sur relief, fond moiré, 3 mod., 2 ferm.	4 »
N° 35. — Sujets sculptés en ivoire, 5 modèles, 2 fermoirs.	3 25

PAROISSIEN ROMAIN in-32 raisin (GROS CARACTÈRES) (576 pages), mesurant 12×9, contenant l'Office des Dimanches et des principales Fêtes de l'année, en latin et en français, et le Chemin de la Croix.

Reliure anglaise, basane gaufrée à froid, 1 gravure	» 80

[N° 63]   DORURE SUR TRANCHE

Reliure anglaise, basane, ornements à froid, 1 gravure	1 »
Mouton noir chagriné, ornements à froid, 1 gravure	1 15
Chagrin gaufré à froid, 1 gravure	1 80
Chagrin 1er choix, noir, titre colorié, 4 gravures.	2 90
Chagrin 1er choix La Vallière, titre colorié, 4 gravures	3 05

Par cent net : 15 c. de remise.

NOUVEAU PAROISSIEN ROMAIN, in-32 jésus. Édition ornée d'un filet rouge, imprimée sur **papier indien**, en noir et rouge, **caractères très lisibles**, mesurant 11 × 8, contenant les Offices de tous les Dimanches et principales Fêtes de l'année, en latin et en français, le Chemin de la Croix et la Messe de Communion. (Volume de 1168 pages, de deux centimètres d'épaisseur.)

Chagrin 1er choix, noir, tranche dorée	4 50
Chagrin 1er choix, La Vallière ou grenat, tranche dorée	4 60
Chagrin 1er choix, noir, reliure molle, coins ronds, tranche rouge sous or	4 50
La même reliure, La Vallière ou grenat	4 60
Chagrin poli, avec charnière, vert, grenat, hussard, olive et cuivre, gardes papier, tranche dorée	4 50
Maroquin du Levant, poli, uni, tranche marbrée dorée, gardes papier	5 50
La même reliure, avec gardes en soie	6 75
Maroquin du Levant, gros grain, couleur purpre, reliure molle, coins arrondis, tranche marbrée dorée, gardes en soie	6 75

[N° 10]

Par cent net : 25 c. de remise.

PAROISSIEN ROMAIN, format allongé (gros caractères), mesurant 15 × 8 (252 pages). Tirage rouge et noir sur papier teinté, **orné d'un cadre rouge et de quatre gravures sur acier**.

Chagrin noir et grenat, uni, reliure souple, ouatée, coins arrondis, tranche dorée	3 »
Maroquin poli, ouaté, couleurs variées, reliure souple, coins arrondis, tranche rouge sous or	4 »
Maroquin poli, sans charnières, grenat, vert, hussard, olive, cuivre, tranche dorée	4 »
Maroquin du Levant, poli, gardes chromo, tr. marbrée dorée	5 50
La même reliure, avec gardes en soie	7 »

[N° 115]

Par cent net : 25 c. de remise.

PAROISSIEN ROMAIN, format allongé. Nouvelle édition sur papier teinté, mesurant 15 × 8, **ornée de gravures sur bois et d'un cadre rouge**. Contenant l'Office des principales Fêtes, la Messe et les Vêpres du Dimanche, les Épîtres et Évangiles de tous les Dimanches de l'année.

Chagrin noir et grenat, uni, reliure souple, ouatée, coins arrondis, tranche dorée	3 »
Maroquin du Levant, poli, reliure souple, ouaté, coins arrondis, tranche rouge sous or	4 »
Maroquin poli, sans charnières, uni, gardes chromo	4 »
Maroquin du Levant, poli, tranche marbrée dorée	5 50
La même reliure, avec gardes en soie	7 »
Veau russe, rouge ou noir, uni, gardes en soie	8 50

[N° 18]

Par cent net : 25 c. de remise.

PETIT MISSEL ROMAIN, format allongé, mesurant 12 × 7, imprimé en rouge et noir sur papier teinté, contenant l'Ordinaire de la Messe, la Messe de mariage et la Messe d'enterrement, les Vêpres et Complies.

Encadrement noir et rouge.

Mouton, imitation de veau, couleurs variées, ornements à froid	1 »
La même reliure, avec ornements dorés	1 35
Imitation de maroquin poli, ouaté, coins arrondis, tranche dorée	1 40
La même reliure, avec dentelle dorée	1 80
Maroquin ouaté, 3 couleurs, coins arrondis, tr. rouge sous or	2 50

[N° 17]

Par cent net : 15 c. de remise.

PAROISSIEN ROMAIN, in-32 raisin (672 pages), mesurant 12 × 9, contenant les Offices de tous les Dimanches et des principales Fêtes de l'année, en latin et en français, et le Chemin de la Croix; orné d'une gravure d'après L. Hallez et d'un encadrement rouge.

DORURE SUR TRANCHE

Basane chagrinée, grenat, ornements en relief, tr. dorée. . .	1	20
La même reliure avec jonc 3 côtés	1	35
La même reliure avec deux fermoirs nickelés.	1	40
Basane chagrinée, grenat, ornements en relief, tr. ciselée . .	1	35
Basane grenat, ornements en relief, écusson doré	1	30
Mouton noir, chagriné, croix à froid.	1	20
Mouton grenat, chagriné, croix à froid.	1	30
Mouton grenat, écusson à froid, cadre jonc, 3 côtés, étui. . .	1	65
Mouton anglais, grenat, orn. en relief, tr. dorée, jonc 3 côtés, étui-fourreau.	1	65
La même reliure, avec deux fermoirs nickelés	1	70
Mouton grenat, chagriné, ornements dorés en coin, 2 fermoirs dorés, étui.	2	05
Mouton grenat, grain anglais, croix dorée en relief, 2 fermoirs dorés, étui	2	25
Mouton grenat, grain anglais, dentelle dorée en coin, 2 fermoirs dorés.	2	40
Mouton grenat, grain anglais, équerre dorée en relief, 2 fermoirs dorés.	2	40
[N° 23] Mouton grenat, grain anglais, dentelle tournante, 2 fermoirs dorés	2	55
Mouton grain long, poli, grenat ou vert, étui.	2	40
La même reliure, avec filets dorés et 2 fermoirs dorés	3	10
La même reliure, avec écusson, 2 fermoirs nickelés	2	75
La même reliure, avec 2 fermoirs à pattes nickelés	3	10
Chagrin gaufré à froid.	1	90
Chagrin grenat, 2ᵉ choix, sans charnières, tranche dorée . . .	2	50
Chagrin 1ᵉʳ choix, noir.	3	»
Chagrin 1ᵉʳ choix, La Vallière ou grenat.	3	15
Chagrin poli, uni, vert, grenat ou hussard, gardes chromo. . .	3	15

Par cent net : 15 c. de remise.

PAROISSIEN ROMAIN, in-32 grand jésus (GROS CARACTÈRES) (992 pages), mesurant 13 × 10, contenant l'Office de tous les Dimanches et des principales Fêtes de l'année.

Reliure anglaise, basane gaufrée à froid, tr. marbrée, 1 grav.	2	»
Mouton noir chagriné, tranche dorée, 1 gravure	2	40
[N° 121] Chagrin gaufré à froid, noir, tranche dorée, 3 gravures. . . .	3	»
Chagrin 1ᵉʳ choix, noir, tranche dorée, titre colorié, 4 gravures.	4	»
Chagrin 1ᵉʳ choix, La Vallière, tr. dorée, titre colorié, 4 grav.	4	15

ÉDITION SUR PAPIER INDIEN

ORNÉE DE 4 GRAVURES

Chagrin 2ᵉ choix, noir, tranche dorée	4	»
Chagrin 1ᵉʳ choix, noir, tranche noire.	5	»
Chagrin 1ᵉʳ choix, noir, tranche dorée.	5	»
Chagrin 1ᵉʳ choix, La Vallière ou grenat, tranche dorée. . . .	5	15
Maroquin poli, avec charnières, couleurs variées, tr. dorée.	6	»
Maroquin du Levant, poli, uni, gardes chromo, tranche marbrée dorée, écrin	8	»
La même reliure, avec gardes en soie	9	50

Par cent net : 20 c. de remise.

PAROISSIEN ROMAIN, (GROS CARACTÈRES). in-32 petit carré. Nouvelle
édition imprimée sur **papier indien**, mesurant 11 × 7; (672 pages), épaisseur un centimètre environ, contenant les Évangiles de tous les Dimanches et
des principales Fêtes de l'année.

Mouton grenat, reliure molle, tranche dorée 1 40
Chagrin sans charnières, noir, tranche dorée ou tranche noire. 1 90
Chagrin sans charnières, La Vallière, tranche dorée . . . . . 2 »
[N° **106**] Chagrin 1er choix, noir, tranche dorée 2 75
Chagrin 1er choix, La Vallière, tranche dorée. 2 90
Chagrin poli, vert ou grenat, tranche dorée . . . . 3 »
La même reliure, avec gardes en soie. . . . . 4 »

Par cent net : 15 c. de remise.

PAROISSIEN ROMAIN, in-18 (GROS CARACTÈRES) (984 pages), mesurant 15 × 10, contenant les Offices de tous les Dimanches et des principales
Fêtes de l'année, et le Chemin de la Croix.

Reliure anglaise, basane gaufrée à froid, 1 gravure. . . . . . 2 »
Basane propre bordée, 1 gravure 2 25

[N° **31**]   DORURE SUR TRANCHE

Reliure anglaise, basane, ornements à froid, 2 gravures . . . 2 65
Chagrin gaufré à froid, 3 gravures. 3 40
Chagrin 1er choix, noir, 4 gravures, titre colorié 4 75
Chagrin 1er choix La Vallière, 4 gravures, titre colorié 4 90

Par cent net : 20 c. de remise.

PAROISSIEN ROMAIN, in-18, *en très gros caractères* (756 pages), mesurant 15 × 10, contenant les Prières durant la sainte Messe, les Vêpres du
Dimanche, l'Office de la sainte Vierge, les Psaumes de la Pénitence, des Pratiques de dévotion, le Chemin de la Croix, etc.

Reliure anglaise, basane gaufrée à froid, 1 gravure 1 25

[N° **36**]   DORURE SUR TRANCHE

Reliure anglaise, basane, ornements à froid, 2 gravures. . . 1 75
Chagrin gaufré à froid, 3 gravures. 2 65
Chagrin 1er choix, noir, 4 gravures. 3 90
Chagrin 1er choix La Vallière, 4 gravures 4 05

Par cent net : 15 c. de remise.

**PAROISSIEN ROMAIN TRÈS COMPLET (GROS CARACTÈRES), 2 volumes
in-18,** mesurant 15 × 10, contenant en français et en latin les Offices de tous
les Dimanches et de toutes les Fêtes de l'année qui peuvent se célébrer le Dimanche, et plusieurs Offices concédés par les Souverains Pontifes.

Reliure anglaise, basane gaufrée à froid, 1 gravure. 4 40
Basane propre bordée, 1 gravure 4 90

[N° **21**]   DORURE SUR TRANCHE

Reliure anglaise, basane, ornements à froid, 2 gravures. . . 5 70
Chagrin gaufré à froid, 3 gravures. 7 20
Chagrin gaufré à froid, 3 gravures, tranche rouge 7 20
Chagrin 1er choix, noir, 4 gravures, titre colorié 9 90
Chagrin 1er choix, La Vallière, 4 gravures, titre colorié. . . . 10 20

Par cent net : 40 c. de remise.

PAROISSIEN ROMAIN (TRÈS COMPLET), in-18 (1043 pages), mesurant 15×10, contenant les Offices de tous les Dimanches et de toutes les Fêtes de l'année qui peuvent se célébrer le Dimanche, les *Épitres et Évangiles en français et en latin,* plusieurs Offices concédés par les Souverains Pontifes, et le Chemin de la Croix.

Reliure anglaise, basane gaufrée à froid, 1 gravure.	1	85
Basane propre bordée, 1 gravure	2	10
Basane gaufrée, 1 gravure	2	10

[Nᵒ 7]   DORURE SUR TRANCHE

Reliure anglaise, basane, ornements à froid, 2 gravures	2	50
Chagrin gaufré à froid, 3 gravures.	3	25
Chagrin gaufré à froid, 3 gravures, tranche rouge unie.	3	25
Chagrin 1ᵉʳ choix, noir, 4 gravures titre colorié.	4	85
Chagrin 1ᵉʳ choix La Vallière, 4 gravures, titre colorié.	5	»

Par cent net : 20 c. de remise.

PAROISSIEN ROMAIN (COMPLET), in-18 (744 pages), mesurant 15×10, contenant les Offices de tous les Dimanches et de toutes les Fêtes de l'année qui peuvent se célébrer le Dimanche, les *Épitres et Évangiles en français seulement,* plusieurs Offices concédés par les Souverains Pontifes, et le Chemin de la Croix.

Reliure anglaise, basane gaufrée à froid, 1 gravure.	1	40

[Nᵒ 30]   DORURE SUR TRANCHE

Reliure anglaise, basane, ornements à froid, 2 gravures.	1	95
Chagrin gaufré à froid, 3 gravures.	2	60
Chagrin 1ᵉʳ choix, noir, 4 gravures, titre colorié	3	85
Chagrin 1ᵉʳ choix La Vallière, 4 gravures, titre colorié	4	»

Par cent net : 15 c. de remise.

PAROISSIEN ROMAIN, in-32 raisin (448 pages), mesurant 12×9, contenant les Offices de tous les Dimanches et des principales Fêtes de l'année, en latin et en français, et le Chemin de la Croix, orné d'une gravure sur acier.

Imitation basane noire, tranche rouge	»	55
Toile noire, tranche rouge	»	60
Imitation de petit chagrin, grenat et hussard, plaque dorée, tranche rouge.	»	60
Reliure anglaise, basane gaufrée à froid.	»	65

[Nᵒ 64]   DORURE SUR TRANCHE

Imitation de petit chagrin, grenat et hussard. plaque dorée.	»	70
Toile noire, ornements en relief	»	75
Pégamoïd, noir ou grenat, ornements en relief.	»	75
Basane noire ou grenat avec ornements en relief.	»	80
Basane grenat avec ornements en relief, tranche ciselée.	»	95
Basane noire ou grenat, cadre jonc 3 côtés	»	95
Mouton noir chagriné	1	»
Mouton grenat chagriné.	1	15
Chagrin gaufré à froid.	1	60
Mouton grenat, grains anglais, coins or, 2 fermoirs	1	70
La même reliure avec dentelle tournante ou semis d'hermines, 2 fermoirs	1	90

Par cent net : 15 c. de remise.

PAROISSIEN ROMAIN in-32 raisin (812 pages), mesurant 12×9, contenant les Offices de tous les Dimanches et des principales Fêtes de l'année, en latin et en français, et le Chemin de la Croix.

Reliure anglaise, basane gaufrée à froid, 1 gravure	1	25
Basane propre bordée, 1 gravure	1	40

[N° 33]   DORURE SUR TRANCHE

Reliure anglaise, basane, ornements à froid, 2 gravures	1	75
Chagrin gaufré à froid, 3 gravures	2	30
Chagrin 1er choix, noir, titre colorié, 4 gravures	3	25
Chagrin 1er choix La Vallière, titre colorié, 4 gravures	3	40

Par cent net : 15 c. de remise.

PETIT MISSEL DE L'ENFANT JÉSUS, petit in-32 (288 pages), mesurant 9×6, contenant les prières du matin et du soir, la Messe et les Vêpres du Dimanche et diverses autres prières.

[N° 13] **Douze gravures en couleurs représentant des scènes de la vie de Jésus enfant, encadrement rouge.**

TABLEAUX ET PRIÈRES DE LA SAINTE MESSE, petit in-32 (256 pages), mesurant 9×6. Jolie édition, contenant les prières du matin et du soir, la manière de répondre à la Messe, les prières durant la Messe, les Vêpres et Complies du Dimanche.

Orné de 22 planches en couleurs et d'un encadrement rouge.

PRIX DE CHACUN DES DEUX VOLUMES CI-DESSUS :

Papier, imitation de chagrin, grenat et hussard, plaque dorée, tranche dorée	»	65
Mouton chagriné, grenat, rouge, bleu, encadrement et croix à froid en relief, tranche dorée	»	70
Mouton grenat, petit chagrin, uni, tranche dorée	»	70
[N° 154] Mouton grenat, petit chagrin, reliure molle, ouatée, ornements dorés, tranche dorée	»	95
Mouton anglais, grenat, rouge, reliure ferme, fleurs dorées sur plat, 1 fermoir doré, étui-fourreau	1	25
Chagrin poli, vert, grenat, hussard, tranche dorée	2	50
La même reliure, avec dentelle or	3	»

Par cent net : 10 c. de remise.

PETIT PAROISSIEN ROMAIN, in-32 petit carré (192 pages), mesurant 10×7.
Huit gravures.

Imitation basane noire ou grenat, tranche rouge	»	21
Percaline noire et grenat, reliefs, tranche rouge	»	25
[N° 103] Reliure anglaise, basane noire, tranche marbrée	»	25
Imitation de petit chagrin, grenat ou hussard, plaque dorée, tranche rouge	»	26
La même reliure, tranche dorée	»	32
Basane grenat et noire, reliefs, tranche dorée	»	40

Par cent net : 6 c. de remise.

PETIT PAROISSIEN, in-32 petit carré (128 pages), mesurant 10×7, contenant les prières du matin et du soir, la messe et les vêpres et les évangiles de tous les Dimanches et des principales Fêtes de l'année.

[N° 9] Imitation veau, ornements dorés	»	10
Percaline noire, tranche rouge	»	16

Par cent net : 2 c. de remise.

PAROISSIEN ROMAIN (TEXTE LATIN), in-**32 raisin** (750 pages), mesurant 12×9, contenant les Offices des Dimanches et de toutes les Fêtes de l'année qui peuvent se célébrer le Dimanche, et plusieurs Offices concédés par les Souverains Pontifes.

Reliure anglaise, basane gaufrée à froid, 1 gravure.	1	30
Basane propre bordée, 1 gravure.	1	45

[N° 8]   DORURE SUR TRANCHE

Reliure anglaise, ornements à froid, 2 gravures	1	70
Chagrin gaufré à froid, 3 gravures.	2	25
Chagrin 1er choix, noir, titre colorié, 4 gravures	3	20
Chagrin 1er choix La Vallière, titre colorié, 4 gravures	3	35

Par cent net : 15 c. de remise.

PAROISSIEN ROMAIN, in-**32 raisin** (784 pages), mesurant 12×9, contenant les Offices de tous les Dimanches et des principales Fêtes de l'année, en latin et en français, et le Chemin de la Croix; *les Epîtres et Evangiles sont en latin et en français*. Orné d'une gravure.

Imitation de basane, tranche rouge.	»	75
Basane ornements en relief, écusson à froid, tranche jaspée.	»	80
Reliure simple racinée, tranche jaspée.	»	85

DORURE SUR TRANCHE

Toile noire ou La Vallière, ornements en relief	»	85
Imitation basane chagrinée, ornements en relief, jonc 3 côtés.	1	05
La même reliure, avec 2 fermoirs nickelés	1	10
Pégamoïd, noir ou grenat, ornements en relief.	»	95
Basane noire ou grenat, avec reliefs.	1	»
La même reliure, avec jonc à 3 côtés	1	15
La même reliure, avec 2 fermoirs dorés	1	20
La même reliure, avec jonc 4 côtés.	1	25
Basane grenat, ornements en relief, tranche ciselée	1	15
Basane noire ou grenat avec reliefs, tranche ciselée or et couleurs, jonc à 3 côtés.	1	40
[N° 114] La même reliure, avec 2 fermoirs dorés.	1	45
La même reliure, avec jonc 4 côtés	1	50
Basane noire ou grenat, tranche ciselée or et couleurs, écusson mosaïque, fermoirs et coins dorés.	1	70
La même reliure, avec 2 fermoirs dorés.	1	60
La même reliure, avec jonc 4 côtés	1	65
La même reliure, avec jonc 3 côtés	1	50
Mouton chagriné grenat, ornements en relief, 2 fermoirs dorés.	1	85
La même reliure, avec jonc 3 côtés	1	80
Mouton grenat chagriné, ornements dorés en coin, 2 fermoirs.	1	95
Mouton anglais, grenat, dentelle tournante ou semis d'hermines, 2 fermoirs dorés.	2	40
Chagrin gaufré à froid	1	95

Par cent net : 15 c. de remise.

OFFICIUM DIVINUM, JUXTA RITUM ROMANUM, cum Missis pro singulis anni diebus et Officiis Hebdomadæ sanctæ; **un volume in-32 jésus**, mesurant 14×10.

Reliure anglaise, basane gaufrée à froid, 1 gravure.	2	85
Basane propre bordée, 1 gravure	3	10

[N° 107]   DORURE SUR TRANCHE

Reliure anglaise, basane, ornements à froid, 2 gravures	3	50
Chagrin gaufré à froid, 3 gravures.	4	25
Chagrin 1er choix, noir, 4 gravures.	5	85
Chagrin 1er choix, La Vallière, 4 gravures.	6	»

Par cent net : 25 c. de remise.

QUINZAINE DE PAQUES, contenant les Prières du matin et du soir, la sainte Messe, les Vêpres, les Complies du Dimanche et différentes Prières, etc.

ÉDITION DE POCHE, IN-32 CARRÉ (mesurant 10 × 7); en rapport avec le Paroissien n° 79 (*page* 70).

Ornée d'un encadrement rouge et d'une gravure sur acier.

Chagrin noir, gaufré à froid, tranche dorée.	2	50
Chagrin 1er choix, noir, tranche dorée.	3	»
[N° **108**] Chagrin 1er choix La Vallière, tranche dorée	3	15
Chagrin poli, uni, avec charnières, vert, grenat, hussard, olive, cuivre, tranche dorée, gardes chromo.	3	50
Maroquin du Levant, poli, uni, tranche marbrée dorée.	4	50
La même reliure, avec gardes en soie.	5	50

Par cent net : 15 c. de remise.

NOUVELLE ÉDITION IN-32 RAISIN (mesurant 12 × 9).
Ornée d'un encadrement rouge.

Reliure anglaise, basane gaufrée à froid, 1 gravure.	1	25
Basane propre bordée, 1 gravure	1	40
Basane gaufrée, 1 gravure	1	40

[N° **42**]   DORURE SUR TRANCHE

Reliure anglaise, basane, ornements à froid, 2 gravures.	1	65
Chagrin gaufré à froid, 3 gravures.	2	20
Chagrin 1er choix, noir, titre colorié, 4 gravures	3	15
Chagrin 1er choix, La Vallière, titre colorié, 4 gravures.	3	30

Par cent net : 15 c. de remise.

[N° **27**]   ÉDITION IN-18 (GROS CARACTÈRES) mesurant 15 × 10.
(*Voir page* 82.)

NOUVELLE ÉDITION, imprimée en noir et rouge, sur papier indien, en rapport avec le Paroissien n° 80 (*page* 70).

Chagrin 1er choix, noir, reliure molle, tranche dorée.	3	50
Chagrin 1er choix, La Vallière et grenat, reliure molle, tranche dorée.	3	60
[N° **172**] Chagrin poli, uni, avec charnières, vert, grenat, hussard, olive et cuivre, tranche dorée, gardes chromo.	4	»
La même reliure, avec gardes en soie.	5	»
Maroquin du Levant, poli, tranche marbrée dorée.	5	»
La même reliure, avec gardes en soie.	6	»

Par cent net : 25 c. de remise.

JOURNÉE DU CHRÉTIEN, in-18 (**GROS CARACTÈRES**), mesurant 16 × 10, contenant les Hymnes et les Proses des principales fêtes de l'année, l'Office de l'Immaculée Conception (latin-français), l'indication d'un grand nombre d'Indulgences, l'Abrégé de la Doctrine chrétienne, et diverses prières.

Reliure anglaise, basane gaufrée à froid, 1 gravure	1	55

[N° **48**]   DORURE SUR TRANCHE

Reliure anglaise, basane, ornements à froid, 2 gravures	2	10
Chagrin gaufré à froid, 3 gravures.	2	75
Chagrin 1er choix, noir, 4 gravures.	4	»
Chagrin 1er choix, La Vallière, 4 gravures.	4	15

Par cent net : 15 c. de remise.

JOURNÉE DU CHRÉTIEN, in-32 jésus, mesurant 13 × 9, édition en latin et en français, contenant les Hymnes et les Proses des divers Temps et des principales Fêtes de l'année, l'Office de l'Immaculée Conception, celui de la sainte Vierge, l'Ordinaire de la Messe, les Messes des jours de Communion, etc.

Reliure anglaise, basane gaufrée à froid, 1 gravure 1 25

[N° 50]   DORURE SUR TRANCHE

Reliure anglaise, basane, ornements à froid, 2 gravures . . . 1 65
Chagrin gaufré à froid, 3 gravures 2 20
Chagrin 1ᵉʳ choix, noir, titre colorié, 4 gravures 3 30
Chagrin 1ᵉʳ choix La Vallière, titre colorié, 4 gravures 3 45

Par cent net : 10 e. de remise.

PAROISSIEN DE LUÇON

PAROISSIEN ROMAIN, avec les Offices propres du diocèse de Luçon intercalés dans le texte. In-18 (1150 pages), contenant les Offices de tous les Dimanches et de toutes les Fêtes de l'année qui peuvent se célébrer le Dimanche, etc. etc., les Épîtres et Évangiles et le Chemin de la Croix.

Édition spéciale rédigée par un prêtre du diocèse sous la haute direction de Sa Grandeur Mgr Catteau, évêque de Luçon.

	Prix fort.	Prix net.
Basane anglaise noire, tranche marbrée, 1 gravure.	3 »	2 40
Basane racinée, tranche marbrée, 1 gravure.	3 »	2 40
Basane anglaise, tranche dorée, 2 gravures.	3 50	2 80
Chagrin gaufré noir, tranche dorée, 3 gravures . . .	5 »	4 »
Chagrin gaufré La Vallière, tranche dorée, 3 grav.	5 25	4 15
Chagrin 1ᵉʳ choix, noir, tranche dorée, 4 gravures . .	6 50	5 »
Chagrin 1ᵉʳ choix, La Vallière, tranche dorée, 4 grav.	6 75	5 15

LIVRES D'OFFICES ET DE PIÉTÉ

FORMAT IN-32 CARRÉ (316 PAGES) MESURANT 11 × 7

TEXTE ENCADRÉ DE ROUGE, UNE GRAVURE SUR ACIER

[Nº **99**] **PAROISSIEN ROMAIN**, contenant l'Office des principales Fêtes de l'année, la Messe et les Vêpres du Dimanche.

[Nº **147**] **PAROISSIEN ROMAIN (GROS CARACTÈRES)**, contenant les Prières du matin et du soir, les Prières pour la Confession et la Communion, Prières durant la sainte Messe, Ordinaire de la Messe, Vêpres et Complies du Dimanche.

[Nº **153**] **RECUEIL DE PRIÈRES, DE MÉDITATIONS ET DE LECTURES,** tirées des œuvres des SS. Pères, des écrivains et orateurs sacrés, par Mᵐᵉ la comtesse de Flavigny.

PRIX DE CHACUN DES OUVRAGES CI-DESSUS :

Imitation de toile, ornements dorés, tranche jaspée	»	40
Imitation basane, tranche rouge	»	40
• Imitation de petit chagrin, grenat ou hussard, plaque dorée, tranche rouge	»	45
Reliure anglaise, basane gaufrée, tranche marbrée	»	45
• Percaline noire et grenat, tranche rouge	»	45
• Imitation de petit chagrin, grenat ou hussard, ornements dorés, tranche dorée	»	55
Basane grenat et noire, reliefs, tranche dorée	»	63
Basane grenat ou noire, reliefs avec croix dorée, tr. dorée	»	65
• Mouton chagriné, grenat, uni, tranche dorée	»	63
• La même reliure, avec fleurs dorées en coin et fourreau	»	80
• La même reliure, avec équerre dorée et fourreau	»	90
• Toile blanche, chagrinée, jonc trois côtés, tranche dorée, étui	»	85
• Mouton grenat, petit chagrin, ouaté, ornements à froid, tr. dorée	1	05
• La même reliure, avec ornements à froid et dorés	1	15
Chagrin, couleurs variées, tranche dorée	1	05

GARNITURES EN CELLULOIDE POUR LE PAROISSIEN Nº 99

• Nº 42. — Sujets en relief, 3 modèles, 1 fermoir celluloïde	1	40
• Nº 43. — Sujets incrustés, 3 modèles, 1 fermoir	1	90

Par cent net : 15 c. de remise.

NOTA. — Les genres de reliure précédés de ce signe • n'existent que sur le paroissien Nº 99.

LIVRES D'OFFICES ET DE PIÉTÉ

FORMAT IN-18, MESURANT 15 × 10

TEXTE ENCADRÉ DE ROUGE, TIRAGE SUR PAPIER TEINTÉ

[N° **4**] **COMBAT SPIRITUEL**, par le R. P. Laurent Scupoli ; traduit en français par M. l'abbé Fitte ; augmenté de la Paix de l'Ame, de l'Oraison mentale et de l'Ame pénitente.

[N° **5**] **ÉPITRES ET ÉVANGILES DES DIMANCHES, DES FÊTES ET DE TOUTES LES FÉRIES DE L'ANNÉE, avec de nouvelles réflexions**, en caractères très lisibles, par M. l'abbé Janvier ; suivi des Prières durant la sainte Messe et des Vêpres.

[N° **27**] **QUINZAINE DE PAQUES (GROS CARACTÈRES)**, contenant les prières du matin et du soir, la sainte Messe, les Vêpres, les Complies.

[N° **76**] **RECUEIL DE PRIÈRES, DE MÉDITATIONS ET DE LECTURES**, tirées des œuvres des SS. Pères, des écrivains et orateurs sacrés, par Mme la comtesse de Flavigny.

[N° **141**] **L'IMITATION DE JÉSUS-CHRIST (GROS CARACTÈRES)**. Avec des réflexions à la fin de chaque chapitre, par l'abbé F. de Lamennais.

[N° **162**] **L'IMITATION DE JÉSUS-CHRIST (GROS CARACTÈRES)**, par le R. P. de Gonnelieu, avec une Prière et une Pratique à la fin de chaque chapitre, augmentée de la Messe et des Vêpres du Dimanche.

PRIX DE CHACUN DES VOLUMES CI-DESSUS :

Percaline noire, ornements à froid, tranche rouge	2	»
Basane noire, filets et chiffre à froid, tranche jaspée	2	»
Chagrin 2ᵉ choix, noir, tranche dorée ou rouge	3	75
Chagrin 1ᵉʳ choix, noir, tranche dorée	5	»
Chagrin 1ᵉʳ choix, La Vallière, tranche dorée	5	45
Maroquin poli, avec charnières, tranche dorée	6	50

Par cent net : 25 c. de remise.

BIBLIOTHÈQUE DE PIÉTÉ

A L'USAGE DES GENS DU MONDE

BEAUX VOLUMES FORMAT IN-16

BOURDALOUE. — LA MORALE CHRÉTIENNE, avec une préface du R. P. Félix, de la Compagnie de Jésus.

SAINT JÉROME. — AVIS ET INSTRUCTIONS, avec une préface de S. Gr. Mgr de la Tour d'Auvergne, archevêque de Bourges.

SAINT FRANÇOIS DE SALES. — LA VIE PARFAITE, avec une préface de S. Gr. Mgr Mermillod, évêque d'Hébron, vicaire apostolique de Genève.

BOSSUET. — CONSEILS DE PIÉTÉ, avec une préface de M. Alfred Nettement.

PRIX DE CHACUN DES OUVRAGES CI-DESSUS :

	Prix fort.		Prix net.
Broché	2 50	—	1 50
Percaline noire, tranche rouge, reliure souple	3 25	—	2 »
Demi-reliure, dos et coins en chagrin, couleurs diverses, tranche dorée en tête	5 »	—	3 »
Chagrin poli, couleurs variées, tranche dorée	8 »	—	5 »

RECUEIL DE PRIÈRES

DE MÉDITATIONS ET DE LECTURES

TIRÉES DES ŒUVRES DES SS. PÈRES, DES ÉCRIVAINS ET ORATEURS SACRÉS

PAR Mme LA Csse DE FLAVIGNY

Approuvé par S. Ém. Mgr le card. Morlot, par S. Gr. Mgr l'archevêque de Tours
et par S. Gr. Mgr l'évêque d'Orléans.

——▻—✕—◅——

[No 25] ÉDITION IN-32 JÉSUS (mesurant 13×9), ornée de quatre gravures
spéciales par L. Hallez.

Reliure anglaise, basane gaufrée à froid. . . 1 80

Dorure sur tranche

Reliure anglaise, basane, ornements à froid.	2 20	Chagrin 1er choix, grenat ou La Vallière.	3	95
Mouton noir chagriné, ornements à froid. .	2 35	Maroquin poli, avec charnières, uni, gardes		
Chagrin gaufré à froid.	2 80	chromo	5	»
Chagrin 1er choix, noir.	3 80			

[No 104] ÉDITION IN-32 PETIT CARRÉ (LIVRE DE POCHE) mesurant 10×7.
Ornée d'un encadrement rouge et d'une gravure sur acier.

Chagrin noir, gaufré à froid, tr. dorée. .	2 50	Chagrin poli, charn., tr.dor., gardes chromo.	3	50
Chagrin 1er choix, noir, tranche dorée. .	3 »	Maroq. du Levant, poli, uni, tr. marbr.dor.	4	50
Chagrin 1er choix, La Vallière, tr. dorée.	3 15	La même reliure, avec gardes en soie. . .	5	50

Par cent net : 15 c. de remise sur les deux volumes ci-dessus.

| No 82] ÉDITION ILLUSTRÉE IN-32 JÉSUS (mesurant 14×10). Ornée d'un
encadrement rouge et de quatre gravures.

Chagrin 1er choix, noir, tranche dorée. .	5 40	Maroq. du Lev., poli, uni, gard. en pap., écr.	8	50
Chagrin 1er choix, La Vallière, tranche		Maroquin du Levant, poli, tr. marbrée		
dorée.	5 55	dorée, gardes en soie, écrin.	10	»

Par cent net : 40 c. de remise.

[No 76] ÉDITION IN-18 (EN GROS CARACTÈRES) mesurant 15×10. —
Reliures et prix, page 82.

[No 130] ÉDITION IN-32 RAISIN. — *Reliures et prix, page 50.*

[No 153] ÉDITION IN-32 CARRÉ. — *Reliures et prix. page 81.*

[No 132] ÉDITION GRAND IN-32 (mesurant 12×8). Sur papier teinté,
encadrée d'un filet rouge. — *Reliures et prix, page 85.*

[No 165] ÉDITION IN-32 CARRÉ (mesurant 10×7). Tirage avec encadrement rouge. — *Reliures et prix. page 86.*

[No 166] FORMAT IN-32 ALLONGÉ (mesurant 12×7). Tirage sur papier
teinté avec encadrement noir et rouge. — *Reliures et prix, page 87.*

OUVRAGES DIVERS DE MME LA C^{SSE} DE FLAVIGNY

LA PREMIÈRE COMMUNION, RÈGLEMENT DE VIE POUR LA PERSÉVÉRANCE; in-32 jésus, mesurant 13×10. Édition ornée d'un encadrement imprimé en rouge, et de 4 gravures.

Chagrin 1er choix, noir, tranche dorée	5	40
Chagrin 1er choix La Vallière, tranche dorée	5	55
[N° 111] Maroquin du Levant, poli, uni, gardes en papier, écrin. . . .	8	50
Maroquin du Levant, poli, tranche marbrée dorée, gardes en soie, écrin	10	»

Par cent net : 40 c. de remise.

LES DERNIÈRES PRIÈRES, in-32 grand raisin, mesurant 12×8, *approuvé par S. G. Mgr l'archevêque de Paris, S. G. Mgr l'archevêque de Tours et S. G. Mgr l'évêque d'Orléans.* — Nouvelle édition ornée d'une gravure sur acier et d'un cadre noir.

Broché	1	»
[N° 84] Chagrin gaufré à froid, tranche dorée	2	15
Chagrin 1er choix, noir, tranche dorée	3	05
Chagrin 1er choix, noir, tranche deuil	3	05

Par cent net : 15 c. de remise.

LIVRES D'OFFICES ET DE PIÉTÉ

FORMAT IN-64 — MESURANT 8×5

JOLIES ÉDITIONS SUR PAPIER TEINTÉ

ORNÉES D'UNE GRAVURE SUR ACIER ET D'UN ENCADREMENT ROUGE

[N° 118] **PETIT PAROISSIEN PERLE** (192 pages), contenant la prière du matin et du soir, la Messe et les Vêpres du Dimanche, l'Office des principales Fêtes de l'année, la Messe de mariage et la Messe d'enterrement.

[N° 129] **IMITATION DE JÉSUS-CHRIST**, par le R. P. de Gonnelieu.

[N° 93] **JOURNÉE DU CHRÉTIEN**, suivie de l'Ordinaire de la Messe, de la Messe du jour de communion, etc.

PRIX DE CHACUN DES VOLUMES CI-DESSUS

Mouton, reliure molle, tranche dorée, étui.	»	60
Imitation de maroquin ouaté, tranche dorée, étui.	1	10
Chagrin poli, couleurs variées, tr. dorée, gardes chromo, étui.	1	50
Chagrin poli, coul. var., dentelle dorée, gardes chromo, étui.	2	»

LIVRES D'OFFICES ET DE PIÉTÉ

FORMAT IN-32 (ÉDITIONS PORTATIVES) — MESURANT 12×8

PAPIER TEINTÉ, ENCADREMENT ROUGE
FRISES ET SUJETS HORS TEXTE DANS LE STYLE DU XVe SIÈCLE, PAR A. QUEYROY

[N° **122**] **VISITES AU SAINT SACREMENT ET A LA SAINTE VIERGE,** par saint Liguori; suivies des prières pendant la Messe, des Vêpres du Dimanche, etc.

[N° **123**] **JOURNÉE DU CHRÉTIEN,** suivie de l'Ordinaire de la Messe, de la Messe des jours de communion, etc.

[N° **124**] **L'IMITATION DE JÉSUS-CHRIST,** avec des réflexions par l'abbé F. de Lamennais, suivie de la Messe et des Vêpres du Dimanche.

[N° **125**] **LE LIVRE DE PERSEVÉRANCE,** Conseils après la première communion, par G.-A. Heinrich, doyen de la Faculté des lettres de Lyon, avec une introduction de Mgr Perraud, évêque d'Autun.

[N° **127**] **AVANT ET APRÈS LA COMMUNION,** Nouvelles méditations pour la préparation et l'action de grâces chaque jour du mois, par Mgr Ricard, prélat de la Maison de Sa Sainteté.

[N° **128**] **PAROISSIEN ROMAIN,** contenant les épîtres et évangiles de tous les Dimanches de l'année, approuvé par Mgr l'archevêque de Tours.

[N° **131**] **IMITATION DE LA TRÈS SAINTE VIERGE,** édition augmentée de la Messe et des Vêpres du Dimanche.

[N° **132**] **RECUEIL DE PRIÈRES, DE MÉDITATIONS ET DE LECTURES,** contenant la Messe et les Vêpres du Dimanche, les prières des Saluts, etc., par Mme la C^{sse} de Flavigny.

[N° **135**] **MOIS DE MARIE,** par M. l'abbé Michaud. Approuvé par NN. SS. l'archevêque de Tours et l'évêque de Luçon.

[N° **136**] **INTRODUCTION A LA VIE DÉVOTE,** par saint François de Sales. Édition revue et corrigée, ornée de gravures spéciales, augmentée de la Messe et des Vêpres du Dimanche.

[N° **137**] **LES LEÇONS DE LA VIE D'UN SAINT,** d'après la Philosophia Sacra du R. P. Paul Zette, de la Compagnie de Jésus.

[N° **138**] **PREMIÈRE COMMUNION** (LA), RÈGLEMENT DE VIE POUR LA PERSÉVÉRANCE, par Mme la comtesse de Flavigny.

[N° **144**] **LES SAINTS ÉVANGILES,** Traduction de MM. Bourassé et Janvier, suivi de l'Ordinaire de la Messe.

[N° **156**] **MANUEL DE PIÉTÉ,** Extrait des œuvres de Bossuet, par Mgr Dupanloup.

[N° **163**] **CHOIX DE PRIÈRES,** d'après les manuscrits du IXe au XVIIe siècle, par Léon Gautier.

[N° **164**] **PRIÈRES A LA VIERGE,** d'après les manuscrits du moyen âge, la liturgie, les Pères, etc., par Léon Gautier.

PRIX DE CHACUN DES VOLUMES CI-DESSUS

Broché	1	25
Imitation de maroquin, poli, grenat ou vert, reliure molle, empreintes à froid, tranche dorée.	1	85
Imitation de maroquin poli, ouaté, coins arrondis, tr. dorée. .	2	25
La même reliure, avec dentelle dorée tournante	2	65
Maroquin poli, sans charnières, tranche dorée	3	65
Maroquin du Levant, poli, uni, tranche marbrée dorée, écrin.	5	»
La même reliure, avec gardes en soie	6	25
Veau russe, rouge ou noir, uni, gardes papier	6	»
La même reliure, avec gardes en soie.	7	25

Par cent net : 15 c. de remise.

LIVRES D'OFFICES ET DE PIÉTÉ

FORMAT IN-32 PETIT CARRÉ (LIVRE DE POCHE) — MESURANT 10 × 7

ÉDITIONS DE LUXE

Ornées d'une gravure sur acier, de vignettes sur bois dans le texte et d'un encadrement rouge.

[N° 40] **PETIT PAROISSIEN ROMAIN**, très belle édition de 252 pages, contenant l'Office des principales Fêtes de l'année, les Prières du matin et du soir, les Vêpres et Complies du Dimanche, etc.

[N° 73] **L'IMITATION DE JÉSUS-CHRIST**, très belle édition, avec des réflexions à la fin de chaque chapitre, par l'abbé F. de Lamennais, suivie de la Messe et des Vêpres du Dimanche.

[N° 77] **IMITATION DE LA TRÈS SAINTE VIERGE**, sur le modèle de l'*Imitation de Jésus-Christ*, par l'abbé ***; suivie de la Messe et des Vêpres du Dimanche.

[N° 81] **JOURNÉE DU CHRÉTIEN**, contenant en latin et en français les Hymnes et les Proses des divers Temps et des principales Fêtes de l'année, l'Ordinaire de la Messe, les Messes des jours de communion, le Chemin de la Croix, etc.

[N° 97] **INTRODUCTION A LA VIE DÉVOTE**, par saint François de Sales, évêque et prince de Genève, fondateur de l'ordre de la Visitation de Sainte-Marie; édition revue, corrigée et augmentée de la Messe et des Vêpres du Dimanche.

[N° 98] **VISITES AU SAINT SACREMENT ET A LA SAINTE VIERGE**, par saint Liguori, suivies de Pratiques, d'Aspirations affectueuses, de Méditations et de Prières, de la Messe et des Vêpres du Dimanche et de celles de la sainte Vierge.

[N° 109] **MOIS DE LA SAINTE FAMILLE**, ouvrage approuvé par Mgr l'évêque de Belley.

[N° 116] **OFFICE DE LA SAINTE VIERGE**, en latin et en français, précédé de l'Ordinaire de la Messe et suivi de l'Office de l'Immaculée Conception.

[N° 117] **COMBAT SPIRITUEL ET PAIX DE L'AME**, suivis du Livre des malades, par le R. P. Laurent Scupoli; traduction littérale d'après le texte italien, par M. l'abbé Fitte, chanoine honoraire, aumônier de Notre-Dame-de-Lorette.

[N° 139] **LA SAINTE COMMUNION, C'EST MA VIE!**... par Hubert Lebon.

[N° 165] **RECUEIL DE PRIÈRES, DE MÉDITATIONS ET DE LECTURES**, contenant la Messe et les Vêpres du dimanche, les prières des Saluts, etc., par Mme la Csse de Flavigny.

[N° 168] **DÉVOTION AUX SACRÉS CŒURS DE JÉSUS ET DE MARIE**, par S. François de Sales. Méditations recueillies et mises en ordre par le R. P. Fages.

PRIX DE CHACUN DES VOLUMES CI-DESSUS

Mouton anglais, grenat, reliure molle, filets ou dentelle à froid, charnières, tranche dorée	»	90
Imitation de maroquin poli, souple, empreintes à froid, tr. dorée.	1	30
Chagrin noir, sans charnières, tranche dorée.	1	50
Chagrin grenat, sans charnières, tranche dorée.	1	60
Chagrin 1er choix, noir, tranche dorée.	2	25
Chagrin 1er choix, La Vallière, tranche dorée.	2	35
Imitation de maroquin poli, ouaté, coins arrondis, tr. dorée.	1	50
La même reliure, avec dentelle dorée tournante	1	90
Chagrin poli, olive, grenat ou hussard, tr. dorée, gardes chromo.	2	50
Chagrin poli, olive, grenat ou hussard, gardes en soie	3	50

Par cent net : 15 c. de remise.

LIVRES D'OFFICES ET DE PIÉTÉ

FORMAT IN-32 ALLONGÉ — MESURANT 12 × 7

PAPIER TEINTÉ, ENCADREMENT NOIR ET ROUGE

[N° 19] **PAROISSIEN ROMAIN**, contenant les Épîtres et Évangiles de tous les Dimanches de l'année et l'Office des principales Fêtes.

[N° 38] **L'IMITATION DE JÉSUS-CHRIST**, traduction de l'abbé de Lamennais, suivie de la Messe et des Vêpres du Dimanche.

[N° 41] **JOURNÉE DU CHRÉTIEN**, suivie de l'Ordinaire de la Messe, de la Messe des jours de communion, etc. etc.

[N° 142] **MÉDITATIONS SUR L'EUCHARISTIE**, par Bossuet.

[N° 152] **VISITES AU S. SACREMENT ET A LA Ste VIERGE**, par S. Alphonse de Liguori, suivies des prières pendant la Messe, des Vêpres du Dimanche, etc.

[N° 155] **AVANT LA PREMIÈRE COMMUNION**, par Mme Dulac.

[N° 158] **UNE PENSÉE PAR JOUR**, par le R. P. Marin de Boylesve, S. J.

[N° 160] **NOUVEAU PETIT FORMULAIRE DE PRIÈRES**, suivi du Chemin de la Croix et de quelques élévations sur l'Eucharistie, par M. l'abbé Remes.

[N° 166] **RECUEIL DE PRIÈRES, DE MÉDITATIONS ET DE LECTURES**, contenant la Messe et les Vêpres du Dimanche, les prières des saluts, etc., par Mme la Csse de Flavigny.

[N° 167] **IMITATION DE LA TRÈS SAINTE VIERGE**, édition augmentée de la Messe et des Vêpres du Dimanche.

[N° 169] **PETITE ANNÉE LITURGIQUE** au pied du saint Sacrement. Effusions de cœur à Jésus-Christ et à la sainte Vierge, par le R. P. Louis de Bussy, S. J.

[N° 171] **LA MESSE BASSE**. Petites instructions pour tous les Dimanches de l'année et les Fêtes d'obligation, à l'usage des fidèles, par l'abbé P. Acard, curé de Notre-Dame des Blancs-Manteaux, à Paris.

PRIX DE CHACUN DES VOLUMES CI-DESSUS

Mouton imitation de veau, grenat, vert, hussard, monogrammes à froid, gardes chromo, tranche dorée	1	75
La même reliure, avec ornements dorés	2	10
Imitation de maroquin poli, ouaté, coins arrondis, tr. dorée. .	2	25
La même reliure, avec dentelle dorée tournante	2	65
Chagrin poli, grenat, vert, olive, cuivre, hussard, tr. dorée.	3	25
Maroquin ouaté, 3 coul., coins arrondis, tr. rouge sous or.	3	50
Maroquin du Levant, poli, tranche marbrée dorée, écrin . . .	4	50
La même reliure, avec gardes en soie.	5	75
Veau russe, rouge ou noir, uni, gardes papier.	5	50
La même reliure, avec gardes en soie	6	75
Nouvelle reliure en peau de porc, naturelle, dos plat, uni, tranche marbrée dorée, gardes papier	4	50
La même reliure, avec ornements à froid	5	75

Par cent net : 25 de remise.

LIVRES D'OFFICES ET DE PIÉTÉ

FORMAT IN-32 CARRÉ — MESURANT 11 × 8

PAPIER TEINTÉ, ENCADREMENT NOIR ET ROUGE

[N° **140**] **L'IMITATION DE JÉSUS-CHRIST**, traduction par l'abbé F. de Lamennais, suivie de la Messe et des Vêpres du Dimanche.

[N° **145**] **SUJETS DE MÉDITATIONS POUR LES JEUNES FILLES**, par M. l'abbé Michaud.

[N° **150**] **PAROISSIEN ROMAIN**, contenant les Épîtres et Évangiles de tous les Dimanches et l'Office des principales Fêtes.

[N° **151**] **JOURNÉE DU CHRÉTIEN**, suivie de l'Ordinaire de la Messe, de la Messe des jours de communion, etc.

PRIX DE CHACUN DES VOLUMES CI-DESSUS

Mouton anglais, grenat, reliure molle, charnières, tr. dorée. 1 05

Par cent net : 15 c. de remise.

LIVRES DE PIÉTÉ

LE LIVRE DU CHRÉTIEN, Offices de l'Église, sacrements et prières, par les RR. PP. de la Compagnie de Jésus. Un volume **in-16** de 950 pages, orné d'une photogravure et de 25 frises d'après les peintures des Catacombes; tirage sur papier indien.

En feuilles 3   »
Chagrin 1er choix, noir, reliure molle, coins arrondis, tr. dorée.   7   »
Maroquin du Levant, uni, couleurs variées, tr. rouge sous or.   10   »

Remise de 20 % et treizième.

Prix des reliures adoptées pour les collèges et établissements ecclésiastiques.

Demi-chagrin noir, tranche rouge 1   »
Mouton chagriné noir, tranche rouge 1   50
Chagrin noir, tranche rouge 2   »

N. B. — Ces prix de reliure ne sont passibles d'aucune remise, ni escompte.

LE ROSAIRE PRATIQUE, Méditations et formules pour les réunions de la confrérie, par le R. P. Raphaël Quincenet, des Frères Prêcheurs, directeur du Rosaire. Un volume **in-16** de 352 pages.

Broché 1   »
Cartonnage. toile noire, tranche rouge 1   60

Remise de 25 % et treizième.

ANGE CONDUCTEUR DES AMES DÉVOTES (L') DANS LA VOIE DE LA PERFECTION CHRÉTIENNE (**GROS CARACTÈRES**), **in-18**, mesurant 15 × 10, par Goret. — Contenant l'Office des principales Fêtes de l'année, les Vêpres et Complies du Dimanche.

Reliure anglaise, basane gaufrée à froid, 1 gravure 1   55
Basane propre bordée, 1 gravure 1   75

[N° 34]   DORURE SUR TRANCHE

Reliure anglaise, basane, ornements à froid. 2 gravures . . . 2   10
Chagrin gaufré à froid, 3 gravures 2   75
Chagrin 1er choix, noir, 4 gravures 4   »
Chagrin 1er choix La Vallière, 4 gravures 4   15

Par cent net : 15 c. de remise.

ANGE CONDUCTEUR DANS LA DÉVOTION CHRÉTIENNE (L'), (TRÈS GROS CARACTÈRES), mesurant 11 × 7, contenant les prières durant la Messe, les Vêpres et Complies, le Chemin de la Croix, etc.

Imitation basane noire ou grenat. tranche rouge . . . . »   40
Toile noire, tranche rouge . . . . »   45
[N° 45] Reliure anglaise, tranche marbrée . . . . »   45
Basane noire ou grenat, relief, tranche dorée . . . . »   63
Chagrin noir ou grenat, tranche dorée 1   05

Par cent net : 15 c. de remise.

L'IMITATION DE JÉSUS-CHRIST, traduction nouvelle avec des réflexions à la fin de chaque chapitre, par l'abbé F. DE LAMENNAIS. Nouvelle édition de luxe, format grand in-8° jésus. Gravures hors texte d'après L. Hallez. Ornements tirés des miniatures de la fin du xive et du commencement du xve siècle.

Broché 10   »
Demi-reliure, dos en chagrin doré, plats en toile. tr. dorée 15   »
Chagrin 1er choix, noir ou couleurs, tr. dorée, gardes chromo. . . . 20   »

Remise de 33 % et treizième.

L'IMITATION DE JÉSUS-CHRIST, grand **in-32 jésus**, mesurant 14×11, avec des réflexions à la fin de chaque chapitre, par l'abbé F. DE LAMENNAIS.

Seize gravures hors texte par Gustave Doré ; illustration du texte par Giacomelli.

Maroquin poli, avec charnières, vert, grenat. hussard, gardes
    chromo, tranche dorée . . . . 7 »
[N° 126] Maroquin du Levant, poli, uni, gardes chromo, écrin. . . . . 10 »
La même reliure, avec gardes en soie. . . . . 12 »

Par cent net : 1 fr. de remise.

L'IMITATION DE JÉSUS-CHRIST, **in-32 jésus**, mesurant 12×9, avec des réflexions à la fin de chaque chapitre, par l'abbé F. de Lamennais, suivie de la Messe et des Vêpres du Dimanche.

Basane noire, filets et chiffre à froid, tranche jaspée. 1 15

[N° 62]   DORURE SUR TRANCHE

Reliure anglaise, basane, ornements à froid, 2 gravures. . . 1 35
Chagrin gaufré à froid, 3 gravures, tranche dorée ou rouge. . 2 »
Chagrin 1er choix, noir, titre colorié, 4 gravures . . . . . . 3 »
Chagrin 1er choix La Vallière, titre colorié, 4 gravures 3 15

Par cent net : 10 c. de remise.

IMITATION DE JÉSUS-CHRIST, **in-32 raisin**, édition de LUXE, mesurant 12×9, par le R. P. de Gonnelieu, *avec une Prière et une Pratique* à la fin de chaque chapitre, augmentée de l'Ordinaire de la Messe et des Vêpres du Dimanche.

Basane propre bordée, 1 gravure 1 15
Basane noire, filets et chiffre à froid, tranche jaspée 1 15

[N° 14]   DORURE SUR TRANCHE

Reliure anglaise, basane, ornements à froid, 2 gravures . . . 1 35
Chagrin gaufré à froid, 3 gravures, tranche dorée ou rouge. . 2 »
Chagrin 1er choix, noir, titre colorié, 4 gravures. . . . . . . 3 »
Chagrin 1er choix La Vallière, titre colorié, 4 gravures 3 15

Par cent net : 10 c. de remise.

DE IMITATIONE CHRISTI LIBRI QUATUOR, **in-32 carré**, mesurant 10×7, édition PERLE, augmentée de la Messe et des Vêpres du Dimanche.

Basane propre bordée, 1 gravure . . . . » 90

[N° 16]   DORURE SUR TRANCHE

Reliure anglaise, basane, ornements à froid, 2 gravures . . . 1 05
Chagrin gaufré à froid, 3 gravures. 1 40
Chagrin 1er choix, noir, titre colorié, 4 gravures 2 50
Chagrin 1er choix La Vallière, titre colorié, 4 gravures 2 60

Par cent net : 10 c. de remise.

FORMULAIRE DE PRIÈRES POUR PASSER SAINTEMENT LA JOURNÉE, **in-32 jésus**, mesurant 13×9, à l'usage des Pensionnaires de toutes les communautés religieuses, conforme à l'édition de Caen.

Reliure anglaise, basane gaufrée à froid, 1 gravure. 1 60
Basane propre bordée, 1 gravure 1 80

[N° 11]   DORURE SUR TRANCHE

Reliure anglaise, basane, ornements à froid, 2 gravures . . . 2 »
Chagrin gaufré à froid, 3 gravures. 2 60
Chagrin 1er choix, noir, titre colorié, 4 gravures 3 60
Chagrin 1er choix La Vallière, titre colorié, 4 gravures 3 75

Par cent net : 15 c. de remise.

INTRODUCTION A LA VIE DÉVOTE, in-32 raisin, mesurant 12×8, par saint François de Sales, évêque et prince de Genève, fondateur de l'ordre de la Visitation de Sainte-Marie; édition revue, corrigée et augmentée de la Messe et des Vêpres du Dimanche.

Basane gaufrée, 1 gravure. 1 15

[N° 20]   DORURE SUR TRANCHE

Reliure anglaise, basane, ornements à froid, 2 gravures . . .   1 35
Chagrin gaufré à froid, 3 gravures. . . . .   2 »
Chagrin 1er choix, noir, titre colorié, 4 gravures . . . . . .   3 »
Chagrin 1er choix La Vallière, titre colorié, 4 gravures 3 15

Par cent net: 10 c. de remise.

LE LIVRE DE MESSE DE L'ENFANCE, ou la sainte Messe en images accompagnées de prières, avec la manière de servir la messe, **in-32 raisin**, mesurant 14×9, traduit et imité de l'anglais de Mme Kavanagh, par M. l'abbé Sempé; 50 gravures sur bois.

[N° 89] Imitation de veau grenat, ornements dorés, tranche dorée. . .   » 50
Percaline, ornements en or et noir, tranche dorée . . . . . .   » 60

Par cent net : 5 c. de remise.

UNE PAGE DE PIÉTÉ POUR CHACUN DES JOURS DE L'ANNÉE, par Mme de Barberey; **in-32 allongé**, mesurant 140×85.

Broché 1 25
Toile noire, tranche rouge . . . .   2 »
Demi-reliure, dos en mouton anglais, plats vieux peigne,
tranche dorée.   2 50

Remise de 40 % et treizième.

MANUALE CHRISTIANUM, in quo continentur : — 1° Novum Jesu Christi Testamentum Vulgatæ editionis juxta exemplar Vaticanum. — 2° Officium parvum B. M. Virginis. — 3° De Imitatione Christi libri quatuor. (LIVRE DE POCHE.) Belle édition **in-32 petit carré**, mesurant 10×7, ornée d'une gravure sur acier et d'un encadrement rouge.

Reliure propre bordée, tranche rouge 2 35
[N° 96] Chagrin gaufré à froid, tranche dorée 2 75
Chagrin 1er choix, noir, tranche dorée ou tranche rouge. . . .   3 50
Chagrin 1er choix La Vallière, tranche dorée ou tranche rouge.   3 65

Par cent net : 20 c. de remise.

MANUEL DU CHRÉTIEN, in-32 grand raisin, mesurant 12×8, belle édition PERLE, contenant les Psaumes, le Nouveau Testament, accompagnés de notes, l'Imitation de N.-S. Jésus-Christ, l'Ordinaire de la Messe et les Vêpres.

Broché, 1 gravure. 1 35
Reliure anglaise, basane gaufrée à froid, 1 gravure 1 75
Basane propre bordée, 1 gravure 1 85

[N° 6]   DORURE SUR TRANCHE

Reliure anglaise, basane, ornements à froid, 2 gravures . . .   2 15
Chagrin gaufré à froid, 3 gravures. 2 65
Chagrin 1er choix, noir, 4 gravures 3 60
Chagrin 1er choix La Vallière, 4 gravures 3 75

ÉDITION SUR PAPIER MINCE

Chagrin noir ou grenat, reliure molle, coins arrondis, tranche
rouge sous or.   3 75
Maroquin du Levant, poli, tranche marbrée dorée, 4 gravures. 6 15

Par cent net : 15 c. de remise.

MANUEL DE PIÉTÉ A L'USAGE DE LA JEUNESSE, in-32 raisin (416 pages), mesurant 12×8, par F. I. C.; contenant : 1º Prières de la journée; — 2º Sujets de Méditations pour tous les jours du mois; — 3º De la sainte Messe; — 4º Évangiles des Dimanches et principales Fêtes de l'année; — 5º Des Vêpres; — 6º Du Sacrement de pénitence; — 7º Du Sacrement de l'Eucharistie; — 8º Des pratiques de dévotion; — 9º Prières diverses; — 10º De la Vocation; — 11º Règlement de vie.

Cartonné en toile noire, tranche jaspée, 1 gravure	1	50
Cartonné en toile noire, tranche dorée, 1 gravure.	1	75
[Nº 112] Reliure anglaise, basane gaufrée à froid, tr. marbrée, 1 grav.	1	75
Reliure anglaise, basane, ornements à froid, tr. dorée, 1 grav.	2	»
Chagrin gaufré à froid, tranche dorée, 1 gravure.	2	85

Remise de 20 %₀ sur les prix ci-dessus.

CHOIX DE MÉDITATIONS ET DE PENSÉES CHRÉTIENNES, in-32 jésus, mesurant 14×9, par Mᵐᵉ Swetchine, publié par le comte de Falloux, de l'Académie française; une gravure sur acier.

Broché.	1	»
Percaline gaufrée, tranche jaspée	1	30
[Nº 78] Chagrin gaufré à froid, tranche dorée	2	70
Chagrin 1ᵉʳ choix, noir, tranche dorée	4	»
Chagrin 1ᵉʳ choix, La Vallière, tranche dorée	4	15

Par cent net : 15 c. de remise.

ÉVANGILES DES DIMANCHES ET DES PRINCIPALES FÊTES DE L'ANNÉE, avec de courtes réflexions, formant un résumé de la doctrine chrétienne, par M. Allegret, chanoine honoraire, curé de Saint-Avertin (Indre-et-Loire).

Broché	»	75
[Nº 157] Cartonné, dos en percaline	1	»
Toile noire, tranche rouge.	1	25

Remise de 33 %₀ et treizième.

VIES DES SAINTS, in-12, mesurant 18×11, pour tous les jours de l'année, par Mésenguy, avec une Prière et des Pratiques à la fin de chaque Vie, et des instructions sur les Fêtes mobiles.

[Nº 44] Reliure anglaise, basane gaufrée à froid, 1 gravure	1	80

Par cent net : 20 c. de remise.

VISITES AU SAINT SACREMENT ET A LA SAINTE VIERGE, in-32 raisin, mesurant 12×9, par saint Liguori, suivies de Pratiques, d'Aspirations affectueuses, de Méditations et de Prières, des Prières pendant la Messe, des Vêpres du Dimanche et de celles de la sainte Vierge.

Basane gaufrée, 1 gravure	1	»

[Nº 46]   DORURE SUR TRANCHE

Reliure anglaise, basane gaufrée à froid, 1 gravure.	1	20
Chagrin gaufré à froid, 3 gravures.	1	75
Chagrin 1ᵉʳ choix, noir, 4 gravures.	2	65
Chagrin 1ᵉʳ choix La Vallière, 4 gravures	2	80

Par cent net : 10 c. de remise.

PUBLICATIONS

DE

LA SOCIÉTÉ D'ÉDITIONS CATHOLIQUES

ANCIENNES RAISONS SOCIALES

LAPLACE, SANCHEZ, REVON ET CIE

—————⊳—✳—⊲—————

MISSELS ILLUSTRÉS

N° 511 | **LE MISSEL DE NOTRE-DAME DE FRANCE**, contenant les Offices de tous les Dimanches et des principales Fêtes de l'année, augmenté des prières pendant la Messe et de l'exercice du Chemin de la Croix. Beau volume de 507 pages, mesurant 15 × 12, papier teinté et caractères elzéviriens, en rouge et noir ; enrichi à chaque page d'un encadrement représentant les principaux pèlerinages de France ; les édifices, les sanctuaires et les faits caractéristiques ; dessins de Allouard, gravés par Méaulle, et de 4 gravures hors texte sur acier, tirées en double teinte, dessins de Mouchot et Carot.

Une notice de 64 pages, contenant l'historique des pèlerinages, accompagne chaque exemplaire.

Maroquin poli, avec charnières, vert, grenat, hussard, olive,
cuivre et tabac, tranche dorée, gardes chromo. 6 25
La même reliure, avec gardes en soie. 8 25
Maroquin du Levant, poli, uni, gardes chromo. 9 25
La même reliure, avec gardes en soie. 11 25

Par cent net : 50 c. de remise.

Riche écrin, garni en satin bouillonné, livré avec le volume . 1 50

N° 553 | **LE MISSEL DE NOTRE-DAME DE FRANCE. Plaquette imprimée sur papier teinté** ; contenant les prières du matin et du soir, les Psaumes de la Pénitence, les Litanies des Saints, prières pendant la sainte Messe, la sainte Messe, les Vêpres et Complies, la Messe de mariage et la Messe d'enterrement, le Chemin de la Croix. Beau volume de 178 pages, mesurant 15 × 12.

Mouton petit chagrin, grenat, uni, tranche dorée 2 50
Maroquin poli, sans charnières, vert, grenat, hussard, olive,
cuivre et tabac, tranche dorée, gardes chromo. 3 75

Par cent net : 50 c. de remise.

[N° 560] **LE MISSEL DE NOTRE-DAME DE FRANCE. Plaquette imprimée en couleurs sur papier teinté.**

Mêmes prix et mêmes reliures que pour le n° 553 ci-dessus.

[N° 528] **LE MISSEL DE NOTRE-DAME DU ROSAIRE**, contenant les Offices des Dimanches et des principales Fêtes de l'année, les Prières pendant la Messe, l'Exercice du Chemin de la Croix, etc.

Magnifique volume de 508 pages, mesurant 15 × 12, texte soigné imprimé en rouge et noir; dessins artistiques encadrant chaque page à droite et à gauche, imprimés en bistre et en noir et représentant les quinze mystères du saint Rosaire. Ces dessins, dus au talent de MM. L. Mouchot et Habert-Dys, et gravés par Méaulle, sont la consécration de cet ouvrage remarquable. — Quatre gravures sur acier hors texte, tirées en double teinte.

Une notice de 42 pages, rédigée par le R. P. Libercier, de l'Ordre des Dominicains, explique les encadrements du Missel de Notre-Dame du Rosaire.

Maroquin poli, avec charnières, vert, grenat, hussard, olive,
   cuivre et tabac, tranche dorée, gardes chromo. . . . . 8 »
La même reliure, avec gardes en soie. . . . . 10 »
Maroquin du Levant, poli, uni, gardes chromo. . . . . 11 »
La même reliure, avec gardes en soie. . . . . 13 »

Par cent net : 50 c. de remise.

Riche écrin, garni en satin bouillonné, livré avec le volume . 1 50

[N° 528] **LE MISSEL DE NOTRE-DAME DU ROSAIRE. Plaquette imprimée sur papier teinté**, contenant les Prières du matin et du soir, les Psaumes de la Pénitence, les Litanies des Saints, Prières pendant la sainte Messe, la sainte Messe, les Vêpres et Complies, Office ordinaire de la sainte Vierge: beau volume de 154 pages, mesurant 15 × 12.

Maroquin poli, avec charnières, vert, grenat, hussard, olive,
   cuivre et tabac, tranche dorée, gardes chromo. . . . . . . 7 »
La même reliure, avec gardes en soie. . . . . 9 »
Maroquin du Levant, poli, uni, gardes chromo. . . . . 10 »
La même reliure, avec gardes en soie. . . . . 12 »

Par cent net : 50 c. de remise.

Riche écrin, garni en satin bouillonné, livré avec le volume . 1 50

[N° 532] **LE MISSEL DE LA TRÈS SAINTE VIERGE**, contenant les Offices des Dimanches et des principales Fêtes de l'année, les Prières pendant la Messe, l'Exercice du Chemin de la Croix, etc. etc., augmenté des Offices de toutes les Fêtes consacrées à la sainte Vierge. Très beau volume de 448 pages mesurant 15 × 12, texte imprimé soigneusement en rouge et noir; dessins couleur ardoise à chaque page, avec disposition nouvelle, représentant les différentes phases de la vie de la bienheureuse Vierge Marie; quatre vignettes hors texte en double teinte se rapportant spécialement à l'ouvrage.

Une notice de 43 pages, expliquant les dessins exécutés par L. Mouchot, est remise gratuitement avec chaque exemplaire du Missel de la très sainte Vierge.

Maroquin poli, avec charnières, vert, grenat, hussard, olive,
   cuivre et tabac, tranche dorée, gardes chromo. . . . . . . 7 »
La même reliure, avec gardes en soie. . . . . 9 »
Maroquin du Levant, poli, uni, gardes chromo. . . . . 10 »
La même reliure, avec gardes en soie. . . . . 12 »

Par cent net : 50 c. de remise.

Riche écrin, garni en satin bouillonné, livré avec le volume . 1 50

LIVRE D'HEURES ILLUSTRÉ

[N° 545] **HEURES DE LA SAINTE BIBLE**, contenant les Offices des Dimanches et des principales Fêtes de l'année, y compris une Messe de Communion. Volume mesurant 16 × 12, de 192 pages ; papier spécial, nombreuses illustrations d'un dessin et d'une gravure irréprochables, imprimées en bistre, formant à chaque page un encadrement riche, comprenant tout l'ensemble de l'Histoire sainte, depuis la création du monde jusqu'à l'Ascension de Notre-Seigneur Jésus-Christ. — Quatre gravures hors texte, sur acier, tirées en double teinte.

Imitation de maroquin poli, olive, grenat, hussard, tranche dorée, gardes chromo. 5 50
Maroquin poli, avec charnières, vert, grenat, hussard, cuivre et tabac, tranche dorée, gardes chromo 6 50
La même reliure, avec gardes en soie. . . . . 9 »

Par cent net : 50 c. de remise.

Riche écrin, garni en satin bouillonné, livré avec le volume . 2 »

PAROISSIENS

[N° 547] **PAROISSIEN ROMAIN**, contenant les Offices de tous les Dimanches et des principales Fêtes de l'année, en latin et en français ; augmenté du Commun des Saints et de la Messe du jour de Communion. Volume de 664 pages, mesurant 120 × 85, encadrement violet, quatre gravures sur acier.

Basane chagrinée, grenat, ornements en relief, tranche dorée. 1 20
Mouton anglais, grenat ou vert. uni, tranche dorée. gardes chromo. 1 50
Imitation de maroquin poli, olive, grenat, hussard, tranche dorée, gardes chromo. 2 50
Chagrin poli, uni, olive, grenat, hussard, tranche dorée, gardes chromo . . . . 3 »

Par cent net : 15 c. de remise.

[N° 516] **PAROISSIEN ROMAIN**, contenant les Offices de tous les Dimanches et des principales Fêtes de l'année, en latin et en français ; augmenté du Commun des Saints et de la Messe du jour de la Communion. Volume de 512 pages, mesurant 117 × 76, avec encadrement violet et rouge, quatre gravures sur acier.

Mouton anglais, grenat, uni, tranche dorée 1 20
Mouton grenat, petit chagrin, ouaté, ornements en relief à froid, tranche dorée. 1 20
La même reliure, avec ornements en relief, dorés et à froid . 1 30
Imitation de maroquin, poli, uni, reliure souple, grenat. vert ou hussard, coins arrondis, tranche dorée 1 75
La même reliure, avec dentelle dorée tournante 2 25
Chagrin poli, vert, grenat, hussard, tranche dorée, gardes chromo. 2 50

Par cent net : 15 c. de remise.

PAROISSIENS-MISSELS

Gros caractères

[Nº **512**] **LE MISSEL ROMAIN.** Volume mesurant 16 × 12, de 684 pages, tiré en rouge et noir, très gros caractères, et orné de quatre gravures sur acier hors texte.

> Basane noire, filets et chiffres à froid, tranche jaspée. 1 50
> La même reliure, tranche rouge. 1 60
> Chagrin 2ᵉ choix, noir, tranche dorée ou rouge. . . . . 3 »

Par cent net : 20 c. de remise.

[Nº **513**] **PAROISSIEN ROMAIN**, complet, gros caractères, en latin et en français, sur papier blanc, encadrement teinte grise, volume de 852 pages, mesurant 155 × 120, quatre gravures sur acier, hors texte.

> Basane noire, filets et chiffre à froid, tranche jaspée. 1 75
> La même reliure, tranche rouge. 1 85
> Chagrin 2ᵉ choix, noir, tranche dorée ou rouge. 3 25
> Chagrin poli, uni, avec charnières, couleurs variées, tranche
>   dorée, gardes chromo. 5 25
> La même reliure, avec gardes en soie. 7 25

Par cent net : 25 c. de remise.

———×———

LIVRES ALLONGÉS

GRAND ET PETIT FORMATS

[Nº **542**] **LA SAINTE MESSE.** Format allongé, mesurant 130 × 67, très mince, 44 pages, renfermant les prières pendant la sainte Messe, la Messe du mariage et la Messe d'enterrement. Caractères elzéviriens ; frise artistique en rouge et noir formant illustration à chaque page ; lettres ornées, culs-de-lampe, etc.

> Mouton petit chagrin, grenat, équerre à froid, tranche dorée.   » 75

Par cent net : 15 c. de remise.

[Nº **531**] **PETITES HEURES.** Format allongé, mesurant 130 × 67, 144 pages, renfermant les trois Messes, les Vêpres, les Prières du matin et du soir, le Chemin de la Croix, etc. Édition de luxe ; frise artistique tirée en rouge et noir, en haut de chaque page ; lettres ornées, culs-de-lampe, etc.

> Imitation de maroquin poli, ouaté, coins arrondis, olive, gre-
>   nat ou hussard, tranche dorée. 1 65
> La même reliure, avec dentelle dorée tournante. 2 05

Par cent net : 15 c. de remise.

[N° **546**] **OFFICES DU DIMANCHE.** Ouvrage de luxe, format allongé, 158×88, gros caractères elzéviriens ; illustration artistique tirée en rouge et noir en haut de chaque page, avec encadrement rouge. Contenant les Prières du matin et du soir, les Offices du Dimanche : la sainte Messe, la Messe de Communion ; la Messe de mariage, la Messe d'enterrement, les Vêpres ; l'Exercice du Chemin de la Croix, etc.

Imitation de maroquin poli, olive, grenat ou hussard, ouaté,
coins arrondis, gardes chromo. 2 25
Maroquin poli, ouaté, couleurs variées, reliure souple, coins
arrondis, tranche rouge sous or, gardes chromo 3 25
Maroquin du Levant, poli, uni, tranche marbrée dorée,
gardes chromo 4 50
La même reliure, gardes en soie . . . .   6 »

Par cent net : 25 c. de remise.

[N° **527**] **MISSEL PAROISSIAL.** Format allongé, mesurant 163×95, de 536 pages. Très complet, impression soignée, sur caractères elzéviriens. Illustrations artistiques en rouge et noir, au commencement et à la fin de chaque chapitre.

En feuilles . . . .   » 75
Mouton anglais, grenat, reliure demi-souple, tranche dorée,
gardes chromo 2 25

Par cent net : 25 c. de remise.

———————×———————

IMITATIONS DE JÉSUS-CHRIST

ET LIVRES DE PIÉTÉ

[N° **526**] **IMITATION DE JÉSUS-CHRIST.** Traduction avec des réflexions à la fin de chaque chapitre, par l'abbé de Lamennais ; un volume, beaux caractères, format carré de 140×100 ; 596 pages, avec quatre gravures sur acier. Nouvelle édition avec encadrement rouge.

Chagrin 2ᵉ choix, noir, tranche dorée ou rouge. 2 50
Chagrin 2ᵉ choix, grenat, tranche dorée 2 65
Chagrin poli, noir, olive, grenat ou hussard, tranche dorée,
gardes chromo 3 75

Par cent net : 25 c. de remise.

[N° **506**] **IMITATION DE JÉSUS-CHRIST.** Traduction avec des réflexions à la fin de chaque chapitre, par l'abbé de Lamennais ; augmentée des Prières pendant la Messe et des Vêpres du Dimanche ; un volume de 146×108 ; 512 pages, quatre gravures sur acier. Nouvelle édition avec encadrement teinte ardoise.

Chagrin 2ᵉ choix, noir, tranche dorée ou rouge. 2 75
Chagrin 2ᵉ choix, grenat, tranche dorée 2 90
Chagrin poli, noir, olive, grenat ou hussard, tranche dorée,
gardes chromo . . . .   4 »

Par cent net : 25 c. de remise.

[N° 543] RECUEIL DE PRIÈRES ET D'INSTRUCTIONS CHRÉTIENNES, pour tous les besoins de la vie, extrait des monuments de la tradition catholique, par Mgr Darboy, archevêque de Paris, augmenté de l'Ordinaire de la Messe, des Vêpres, etc. etc. Volume de 692 pages, mesurant 12×8 ; orné de quatre gravures sur acier, hors texte ; lettres ornées.

Reliure anglaise, basane gaufrée à froid, tranche rouge	1 30
La même reliure, tranche dorée.	1 50
Chagrin 2ᵉ choix, noir, tranche dorée ou rouge.	2 15
Chagrin 2ᵉ choix, grenat, tranche dorée	2 30

Par cent net : 15 c. de remise.

[N° 534] MANUEL DU CHRÉTIEN. Contenant la Messe et les Vêpres, le Nouveau Testament, les Psaumes, l'Imitation de Jésus-Christ, traduction française, par le R. P. Lallemant. Petit volume de 929 pages, mesurant 108×78, quatre gravures sur acier.

Basane noire, filets et chiffre à froid, tranche jaspée.	1 15
Basane propre bordée, tranche rouge	1 15
Chagrin gaufré à froid, tranche dorée	1 90

Par cent net : 15 c. de remise.

[N° 536] LE NOUVEAU TESTAMENT. Précédé de la sainte Messe et des Vêpres du Dimanche. Traduction française par le R. P. Lallemant. Petit volume de 577 pages, mesurant 108×78, quatre gravures sur acier.

Basane noire, filets et chiffre à froid, tranche jaspée.	1 »
Basane propre bordée, tranche rouge	1 »
Chagrin gaufré à froid, tranche dorée	1 75

Par cent net : 15 c. de remise.

[N° 539] LES PSAUMES DE DAVID. Précédés de la sainte Messe et des Vêpres du Dimanche. Traduction française, par le R. P. Lallemant. Un volume de 200 pages, mesurant 106×73, quatre gravures sur acier.

Mouton anglais, grenat, reliure molle, filets ou dentelle à froid, charnières, tranche dorée.	» 90

Par cent net : 15 c. de remise.

[N° 552] DÉVOTION AUX SACRÉS CŒURS DE JÉSUS ET DE MARIE, par saint François de Sales. Méditations recueillies et mises en ordre par le R. P. Fages. Une gravure hors texte tirée en deux teintes : le Magnificat.

Broché.	» 75
Toile noire, demi-souple, filets et chiffre à froid, tranche rouge.	1 »
Demi-reliure, dos et coins en chagrin, couleurs variées, tranche dorée en tête.	2 »
Chagrin poli, couleurs variées, tranche dorée	3 50

VIII

LIVRES DE PIÉTÉ EN LANGUE ESPAGNOLE

DEVOCIONARIOS Y LIBROS PIADOSOS

CON APROBACIÓN EPISCOPAL

Un catalogue spécial des prix et des reliures des éditions ci-après
sera envoyé à tous les clients qui en feront la demande.
Il est accordé aux Libraires sur les prix de ce catalogue une remise unique
de 50 %/0 avec treizième.

[N° 202.] **LA IMITACIÓN DE JESUCRISTO**, por A. Kempis. Traducido y arreglado al castellano bajo la dirección del presbítero D. José Salamero y Martinez. Impresión de lujo con encuadramiento rojo y negro, en papel moreno. Edición en 32 prolongado, midiendo 12 × 7; con 4 grabados sobre acero (448 páginas).

[N° 212.] **IMITACIÓN DE MARÍA**. Compuesta por un sacerdote francés conforme al modelo de la Imitación de Cristo, novisima versión castellana por un devoto Mariano. Impresión de lujo con encuadramiento rojo y negro, en papel moreno. Edición en 32 prolongado, midiendo 12×7; con 4 grabados sobre acero (448 páginas).

[N° 226.] **OFICIO PARVO DE LA SANTÍSIMA VIRGEN**. Impresión de lujo con encuadramiento rojo en papel moreno. Edición en 32 prolongado, midiendo 12×7 (152 páginas).

[N° 214.] **EL CONSEJERO DE LA PRIMERA COMUNIÓN**. Obrita compuesta y arreglada con sencillez y claridad, para uso de los niños y niñas que se preparan para hacer la primera comunión, por un devoto Mariano. Impresión de lujo con encuadramiento rojo, en papel moreno. Edición en 32 prolongado, midiendo 12×7 (212 páginas).

[N° 206.] **VISITAS AL SANTÍSIMO SACRAMENTO Y Á LA SANTÍSIMA VIRGEN**, por S. Alfonso María de Ligorio. Conteniendo además las Visitas al glorioso San José, ejercicios para la confesión y comunión, método para oir con fruto la Santa Misa, el trisagio, etc. Impresión de lujo con encuadramiento rojo y negro, en papel moreno. Edición en 32 prolongado, midiendo 12 × 7; con 4 grabados sobre acero (282 páginas).

[N° 209.] **VISITAS AL SANTÍSIMO SACRAMENTO Y Á LA SANTÍSIMA VIRGEN**, por S. Alfonso María de Ligorio. Conteniendo además las Visitas al glorioso San José, ejercicios para la confesión y comunión, método para oir con fruto la Santa Misa, el trisagio, etc. Encuadramiento rojo, grabados sobre madera, en papel moreno. Edición portativa, midiendo 12 × 8 (276 páginas).

[N° 205.] **PEQUEÑO MISAL ROMANO**, Conteniendo un ejercicio cotidiano, ordinario de la Misa, ejercicios para la confesión y comunión, el santo Rosario, Visita al SS. Sacramento, Trisagio, consagración á San José, oración á San Antonio de Padua, y Vía-crucis. Edición en 32 prolongado, con encuadramiento rojo y negro, en papel moreno, midiendo 12×7 (144 páginas).

[Nᵒ **215.**] **EL PEQUEÑO DEVOCIONARIO ROMANO**, Conteniendo las oraciónes de la mañana y de la noche, para la confesión y comunión; el ordinario de la Santa Misa; las Vísperas y otros ejercicios piadosos, por D. J. A. de Lavalle. Impresión de lujo con encuadramiento rojo y negro. Edición en 32 prolongado, en papel moreno, midiendo 12×7 (182 páginas).

[Nᵒ **216.**] **LAS PEQUEÑAS HORAS RELIGIOSAS**, Conteniendo las oraciónes de la mañana y de la noche, de la confesión y comunión; el ordinario de la Santa Misa; las Vísperas y otras oraciones, por D. J. A. de Lavalle. Impresión de lujo con encuadramiento rojo, en papel moreno. Edición prolongada, midiendo 13×7 ¹/₂ (166 páginas).

[Nᵒ **201.**] **NUEVO OFICIO DIVINO**, Que contiene las Epístolas y Evangelios para todos los Domingos, y el oficio de las principales festividades del año. Impresión de lujo con encuadramiento rojo en papel moreno. Edición en 32 prolongado, midiendo 14×8 (376 páginas).

[Nᵒ **207.**] **GUIA DEL CRISTIANO**, en letra gorda, Que contiene el ejercicio cotidiano, método para la confesión y comunión; modo de oir la Misa con devoción; el Via-crucis y otros ejercicios y devociones. Impresión de lujo con encuadramiento rojo. Edición prolongada, midiendo 15 × 8, en papel moreno (215 páginas).

[Nᵒ **225.**] **LUZ DIVINA**, en letra gorda, Devocionario que contiene el ejercicio cotidiano, oraciones para antes y después de la confesión y comunión, modo de oir la Misa con devoción, la Semana Santa, el Via-Crucis y otros ejercicios piadosos. Impresión de lujo con encuadramiento rojo. Edición prolongada, midiendo 14×8, en papel moreno (420 páginas).

[Nᵒ **208.**] **TESORO DIURNO**, en letra gorda, Que contiene el ejercicio cotidiano, método para recibir con fruto los santos Sacramentos, modo de oir la Misa con devoción, y otros ejercicios piadosos. Edición prolongada, midiendo 15 × 8 (221 páginas), en papel moreno, encuadramiento rojo, con grabados.

[Nᵒ **211.**] **OFICIO DEL DOMINGO**, en letra gorda, Que contiene el ejercicio cotidiano, método para recibir con fruto los santos Sacramentos, modo de oir la Misa con devoción y oficio de la Semana santa. Edición prolongada, midiendo 15×8 (370 páginas), en papel moreno, encuadramiento rojo, con grabados.

[Nᵒ **217.**] **EL PIADOSO CRISTIANO**, en letra gorda, Conteniendo las oraciones de la mañana y de la noche, de la confesión y comunión; el ordinario de la Santa Misa, las Vísperas, ofrecimiento del Rosario, Visita á María Santísima de Guadalupe, Visitas á los monumentos, por D. J. A. de Lavalle. Impresión de lujo con encuadramiento rojo en papel moreno. Edición prolongada, midiendo 15 × 8 (264 páginas).

[Nᵒ **213.**] **OFICIO DE LA SEMANA SANTA**, en letra gorda. Desde el domingo de Ramos hasta las Pascuas inclusive. Edición prolongada, midiendo 15×8 (148 páginas), en papel moreno, encuadramiento rojo, con grabados.

[Nᵒ **224.**] **OFICIO DE LA SEMANA SANTA**, en letra gorda. Desde el domingo de Ramos hasta las Pascuas inclusive. Edición prolongada, encuadramiento rojo en papel moreno, midiendo 14×8 (204 páginas).

[Nᵒ **210.**] **SEMANA SANTA**. Oficio completo en castellano, con la explicación de todas las ceremonias que celebra la Iglesia desde el domingo de Ramos hasta las Pascuas inclusive, y con una meditación para cada día de la semana, va seguido del ordinario de la Misa. Edición en papel moreno, con encuadramiento rojo, midiendo 12×9 (760 páginas).

[Nᵒ **210 bis.**] **SEMANA SANTA**. La misma edición, en papel blanco.

[**N° 203.**] **OFICIO DIVINO ILUSTRADO**, Que contiene los Oficios de todos los domingos y fiestas principales del año. Edición en papel moreno, en 32 cuadrado, midiendo 11 × 8 (576 páginas). Cuadros y frisas por Ciappori, grabados por Méaulle. Cuatro motivos fuera de texto tomados de las pinturas de Fra Angelico, grabados por L. Rousseau.

[**N° 204.**] **MISAL ROMANO**, para uso de los Fieles. Magnifica edición en papel moreno, midiendo 15 × 12 (636 páginas), que contiene los Oficios de los domingos y principales fiestas del año, adornado con orlas variadas. Composiciones de Leniept, grabadas por Méaulle. Ocho magníficos grabados fuera de texto por Gustávo Doré.

[**N° 219.**] **MISAL DEL NIÑO JESÚS**. Devocionario dedicado á la infancia cristiana, por el autor del *Consejero de la Primera Comunion.* Conteniendo las oraciones de la mañana y de la noche, modo de oir la Santa Misa con fruto, las Vísperas y otras oraciónes al uso de la infancia. Impresión de lujo con encuadramiento rojo, en papel moreno. Edición en 32 cuadrado, midiendo 9 × 6, grabados de colores (200 páginas).

[**N° 223.**] **PEQUEÑO FELIGRÈS**, Conteniendo el ejercicio cotidiano, el ordinario de la Misa, ejercicios para antes y después de la confesión y comunión, el santo Rosario, Visita al SS. Sacramento, Trisagio, Consegración á San José, oración á San Antonio de Padua, letanía de la Virgen y el Vía-Crucis. Edición en 64 cuadrado en papel moreno, con encuadramiento rojo; midiendo 8 × 5 (160 páginas).

[**N° 220.**] **MES DE MARÍA**, ó Sea mes de Mayo. Consagrado á la devoción de María Santísima. Conteniendo un ejercicio piadoso por cada día del mes, Letanía de la Santísima Vírgen, modo de oir Misa en unión de María durante el mes de mayo. Edición en 64 cuadrado, en papel moreno, con encuadramiento rojo; midiendo 8 × 5 (144 páginas).

[**N° 218.**] **EL CAMINO DEL CIELO**, en lettra gorda, Conteniendo las oraciones de la mañana y de la noche, de la confesión y comunión; el ordinario de la Santa Misa, las Vísperas, ofrecimiento del Rosario, Visita á María Santísima de Guadalupe, Visitas á los monumentos, la Semana santa completa, por D. J. A. de Lavalle. Impresión de lujo con encuadramiento rojo en papel blanco. Edición prolongada, midiendo 15 × 8 (535 páginas).

[**N° 221.**] **MES DE SAN JOSÉ**, ó Sea mes de Marzo. Dedicado á las almas que de veras desean conocer, servir y amar el Sagrado Corazón de Jesús. Conteniendo un ejercicio piadoso por cada día del mes, consagración á San José, Letanía de San José, Misa de San José y Rosario en honor de San José. Edición en 64 cuadrado en papel moreno con encuadramiento rojo; midiendo 8 × 5 (124 páginas).

[**N° 222.**] **MES DEL SAGRADO CORAZÓN**, ó Sea mes de Junio. Consagrado á la devoción del Sagrado Corazón de Jesús. Conteniendo un ejercicio piadoso por cada día del mes, Letrilla al Sagrado Corazón de Jesús y Letanía del Sagrado Corazón de Jesús. Edición en 64 cuadrado en papel moreno, con encuadramiento rojo, midiendo 8 × 5 (124 páginas).

ALFABETO DEL NIÑO JESUS. Un volumen en 4°, midiendo 30 × 22 (36 páginas), adornado con imágenes de varios colores : dibujos de Carot, grabados por Méaulle.

LA ORGANIZACIÓN DEL TRABAJO. Según la costumbre de los talleres y la ley del Decálogo, con un resúmen observaciones sobre la distinción del bien y del mal en el régimen del trabajo, las causas del mal actual y los medios de reforma, las objeciones y réplicas, las dificultades y soluciones, por M. F. Le Play. (Autor de *los Obreros europeos* y de *la Reforma social.*) Versión castellana, de Don Louis de Oliver de Riera, miembro des « Unions de la Paix sociale ». Un volumen en 12.

PUBLICATIONS

DE

LA SOCIÉTÉ D'ÉDITIONS CATHOLIQUES

ANCIENNES RAISONS SOCIALES

LAPLACE, SANCHEZ, REVON ET Cⁱᵉ

————▸✖◂————

[N° **326** *bis.*] **IMITACIÓN DE CRISTO**, por A.-Kempis. *Edición en letra gorda,* aumentada de la santa Misa en latin y castellano. 1 vol. en 18, midiendo 14 × 9 (572 páginas).

[N° **329.**] **HORAS DE LA MUJER CATÓLICA**. *Devocionario en letra gorda,* conteniendo la santa Misa, los oficios de las principales fiestas del año, la Semana santa, etc. Compuesto y arreglado por el prebistero D. Antonio Romero Molinero, capellan de S. M. el Rey. 1 vol. en 32, midiendo 12 × 8 (568 páginas).

[N° **329** *bis.*] **HORAS DE LA MUJER CATÓLICA**. *Devocionario en letra gorda, con encuadramiento de color,* conteniendo la santa Misa, los oficios de las principales fiestas del año, la Semana santa, etc. Compuesto y arreglado por el prebistero D. Antonio Romero Molinero, capellan de S. M. el Rey. 1 vol. en 18, midiendo 14 × 9 (568 páginas).

[N° **401.**] **LA LUZ DEL CIELO**. Devocionario que contiene el ejercicio cotidiano, la santa Misa, las Vísperas del Domingo, varias oraciones y la Semana santa. 1 vol. en 18, *en letra gorda,* midiendo 13 × 9 (617 páginas).

[N° **401 E.**] **LA LUZ DEL CIELO**. Devocionario que contiene el ejercicio cotidiano, la santa Misa, las Vísperas del Domingo, varias oraciones y la Semana santa. 1 vol. en 18, *en letra gorda, con encuadramiento orla en color,* midiendo 15 × 10 (617 páginas).

[N° **402.**] **EL PERFECTO FELIGRÈS**. Oficio divino completo, para todos los dias de fiesta y de precepto, aumentado de la Semana santa. 1 vol. en 32, *en letra gorda,* midiendo 13 × 9 (724 páginas).

[N° **402 E.**] **EL PERFECTO FELIGRÈS**. Oficio divino completo, para todos los dias de fiesta y de precepto, aumentado de la Semana santa. 1 vol. en 18, *en letra gorda, con encuadramiento orla,* midiendo 15 × 10 (724 páginas).

[N° **403.**] **EUCOLOGIO ROMANO**. Dovocionario que contiene los oficios de todos los dias de fiesta y de precepto, aumentado de la Semana santa. 1 vol. en 18, *en letra gorda,* midiendo 13 × 9 (724 páginas).

[N° **403 E.**] **EUCOLOGIO ROMANO**. Devocionario que contiene los oficios de todos los dias de fiesta y de precepto, aumentado de la Semana santa. 1 vol. en 18, *en letra gorda, con encuadramiento orla,* midiendo 15 × 10 (724 páginas).

[N° **404.**] **EUCOLOGIO ROMANO**. Devocionario que contiene el ejercicio cotidiano, la santa Misa, las Vísperas del Domingo, el Via-Crucis, otras varias oraciones y la Semana santa, etc. 1 vol. en 18, *en letra gordísima,* midiendo 16 × 11 (630 páginas).

[N° **405.**] **NOVÍSIMO DIAMANTE DIVINO**. Devocionario que contiene la santa Misa, meditaciones para la Confesión y Comunión, los oficios de las principales fiestas del año, la Semana santa, etc. Arreglado por D. Antonio Romero Molinero, capellan de S. M. el Rey. 1 vol. en 32, *en letra gorda,* midiendo 11 × 7 (436 páginas).

[N° **406.**] **NUEVO EUCOLOGIO ROMANO**. Devocionario completo, que contiene todos los oficios del año, el de los Difuntos, la Semana santa entera, etc. 1 vol. en 18, *en letra gorda,* papel moreno, midiendo 15 × 10 (848 páginas).

[N° 406 E.] NUEVO EUCOLOGIO ROMANO. Devocionario completo, que contiene todos los oficios del año, el de los Difuntos, la Semana santa entera, etc. 1 vol. en 12, *en letra gorda, con encuadramiento orla*, midiendo 17 × 11 (848 páginas).

[N° 407.] NOVÍSIMA ÁNCORA DE SALVACIÓN. Devocionario, que suministra á los fieles, copiosos medios para caminar á la perfección, y á los párrocos abundantes recursos para santificar la párroquia. Por el R. P. José Mach, de la compañia de Jesús. 1 vol. en 32, *en letra gorda*, midiendo 12 × 8 (888 páginas).

[N. 408.] OFICIO DIVINO, *ó sea Misal Romano* (muy completo), que contiene el ejercicio cotidiano, los siete Salmos, ordinario de la santa Misa, las Vísperas y Completas, los oficios para todos los dias de fiesta y de precepto, la Semana santa, etc. Impresión esmeralda, ilustraciónes artísticas en rojo y negro, al principio y al final de cada capitulo. Edición prolongada, midiendo 15 × 8 (552 páginas).

[N° 409.] MISAL DE NUESTRA SEÑÕRA DEL ROSARIO. Devocionario que contiene el ejercicio cotidiano, los siete Salmos, ordinario de la santa Misa, las Vísperas y Completas, los oficios de todas las principales fiestas del año, la Semana santa, etc. Magnifica edición, impresa en rojo y negro, dibujos artisticos encuadrando cada página, representando los 15 mysterios del santo Rosario; composiciones de Mouchot y Habert-Dys. 4 magnificas láminas sobre acero, fuera de texto. Volúmen de 508 páginas, midiendo 15 × 12.

[N° 410.] LIBRO DE HORAS. Conteniendo las oraciones de la mañana y de la noche, de la Confesión y Comunión, letanía de todos los Santos, ordinario de la santa Misa, modo de visitar las santas Cruces, etc. Impresión de lujo, frisas artísticas á cada página en rojo y negro. Edición prolongada, midiendo 12 × 7 (148 páginas).

[N° 411.] LA SANTA MISA, que contiene el ordinario de la santa Misa, Himno de acción de gracias, modo de visitar las santas Cruces. Impresión de lujo, frisas artísticas á cada página, en rojo y negro. Edición prolongada, midiendo 12 × 7 (60 páginas).

[N° 413.] OFICIO DEL DOMINGO (*en letra gorda*), que contiene el ejercicio cotidiano, método para recibir con fruto los santos Sacramentas, ordinario de la santa Misa, el Te Deum, las Vísperas, Visitas al Smo Sacramento, el Via-Crucis. Impresión de lujo, encuadramiento rojo, frisas artísticas á cada página, en rojo y negro. Edición prolongada, en papel moreno, midiendo 15 × 8 (188 páginas).

IX

LIVRES CLASSIQUES

A L'USAGE DES COLLÈGES

ÉDITIONS REVUES, FORMAT IN-16

CARTONNAGE, DOS EN TOILE, COUVERTURE IMPRIMÉE, TITRE DORÉ

—▷─✕─◁—

ENSEIGNEMENT SECONDAIRE CLASSIQUE

CLASSIQUES NOUVEAUX

Extraits d'auteurs français (Classe de seconde). Les chroniqueurs français (Montaigne, Lettres du xviiie siècle, J.-J. Rousseau), par les RR. PP. Doizé, A. Hamon, R. de la Broise, V. Delaporte. S. J. Deuxième édition. Broché. 1 25

Extraits d'auteurs français (Classe de troisième). (Lettres du xviie siècle) par le R. P. Troussard, S. J. Deuxième édition. Broché. 1 25

Exercices méthodiques de vers latins, par le P. Bainvel 2 50
    Le même ouvrage. *Partie du Maître* . . . . 4 »

AUTEURS FRANÇAIS

Histoire sainte, par le P. Gazeau; avec 3 cartes coloriées. . . . . » 80	La Bruyère (les caractères). . 1 40
Histoire ecclésiastique, par le P. Gazeau; avec 3 cartes color. » 90	La Fontaine (fables) . . . . . 1 »
	Boileau. 1 40
	Bossuet (oraisons funèbres). . 1 40
Grammaire française du P. Pacaud 1 40	Fénelon (télémaque). 1 40
	— (dialogues et fables). . 1 15

AUTEURS LATINS

Epitome Historiæ sacræ. . . . » 60	M. Tullii Ciceronis pro Q. Ligario Oratio . . . . » 50
De Viris illustribus urbis Romæ. 1 »	
Publii Virgilii Maronis opera. 1 60	Cicéron (plaidoyer pour Q. ligarius), traduction française . » 50
Conciones et Orationes. . . . 1 40	
Phædri Fabularum libri V, quibus accesserunt selectæ P. Desbillons Fabulæ . . . . » 60	Salluste. 1 15
	Horace. 1 40
	Ovide (selecta poetica) 1 40
Cornelius Nepos. . . . . . . » 75	Tacite. 2 30
Cicéron (classe de seconde). . 1 20	César (commentaires). 1 40
— (classe de quatrième) . 1 »	M. Tullii Ciceronis pro L. Murena oratio. . . . . 1 »
— (classe de cinquième).. » 70	
— (classe de sixième) . . » 55	

AUTEURS GRECS

Ésope. . . . . » 80	Lucien . . . . » 80
Saint Luc. 1 20	Xénophon. . . . . » 80
Extraits des Pères grecs. . . 1 30	

REMISE DE 25 % ET TREIZIÈME

DICTIONNAIRE (Voir page 126)

OUVRAGES CLASSIQUES

RÉDIGÉS EN COURS GRADUÉS

CONFORMÉMENT AUX PROGRAMMES OFFICIELS

Par F. F.

A L'USAGE DES PENSIONNATS ET ÉCOLES

DE GARÇONS ET DE FILLES

Il est accordé à **MM.** les libraires une remise de 20 % sur les prix des classiques ci-dessous pris par unité ; et de 25 % par 50 exemplaires d'un même ouvrage ou pour un chiffre de 140 francs, prix fort.

Pour faciliter les demandes et éviter des erreurs, prière d'indiquer le numéro placé devant chaque titre.

ENSEIGNEMENT SECONDAIRE MODERNE

ET

ENSEIGNEMENT PRIMAIRE SUPÉRIEUR

PHILOSOPHIE

Nos

225 — **COURS DE PHILOSOPHIE**, programme du baccalauréat lettres-philosophie. Ouvrage approuvé par LL. EE. les cardinaux de Bordeaux, de Rodez, de Reims, par Mgr l'archevêque de Lyon et par Mgr l'évêque de Tarentaise. In-8º de 900 pages   6   »

226 — **ÉLÉMENTS DE PHILOSOPHIE**, comprenant la philosophie scientifique et la philosophie morale (programme des baccalauréats lettres-mathématiques et lettres-sciences), in-8º. Cet ouvrage est extrait du précédent et suivi de tableaux analytiques.   3   90

227 — **RÉSUMÉS DE LEÇONS DE PHILOSOPHIE** sous forme de tableaux analytiques (programmes des divers baccalauréats). Cet ouvrage est extrait du Cours de Philosophie in-8º   1   80

228 — **PRÉCIS DE PHILOSOPHIE ÉLÉMENTAIRE**, en rapport avec les programmes du brevet supérieur, des baccalauréats lettres-mathématiques et lettres-sciences. In-12. Édition refondue des Éléments de logique et de morale   1   80

230 — **L'ALCOOLISME**. Sa nature, ses effets, ses remèdes. (Extrait du Cours de Philosophie.) In-8º piqué . . . .   »   30

MATHÉMATIQUES

Les Frères des Écoles chrétiennes publient un **Cours de Mathématiques élémentaires** répondant aux programmes de l'enseignement primaire supérieur, de l'enseignement secondaire moderne, du baccalauréat ès sciences et du diplôme de fin d'études.

Ce Cours sera très utile aux jeunes gens qui se disposent aux diverses fonctions agricoles, industrielles, commerciales ou administratives, telles que la Perception, les Contributions, les Postes, la Télégraphie; les professions d'Instituteur, de Géomètre-Arpenteur, d'Agent-Voyer, de Conducteur des Ponts et Chaussées; les écoles d'Agriculture, des Arts et Métiers et des Mines; l'école centrale des Arts et Manufactures; les écoles vétérinaires, etc.

Rédigés et discutés par des hommes éminemment pratiques, les ouvrages de ce Cours conviennent particulièrement aux établissements, soit primaires, soit secondaires, où se font des études sérieuses.

Beaux volumes, format in-12 et in-8°.

CARTONNAGE, DOS EN PERCALINE GAUFRÉE, TITRE DORÉ

Nos

260 — **ÉLÉMENTS D'ARITHMÉTIQUE**. Nouvelle édition, revue. . . . 2 15

261 — **EXERCICES D'ARITHMÉTIQUE (LIVRE DU MAITRE)**. Nouvelle édition, revue. 4 80

262 — **ÉLÉMENTS D'ALGÈBRE**. Nouvelle édition. . . . . 3 »

263 — **EXERCICES D'ALGÈBRE (LIVRE DU MAITRE)**. 10 25

263 bis. **EXERCICES SUR LES COMPLÉMENTS D'ALGÈBRE**. In-4° broché 2 75

264 — **COURS D'ALGÈBRE ÉLÉMENTAIRE**; in-8° cart. toile. 4 50

265 — **COURS DE GÉOMÉTRIE ÉLÉMENTAIRE**. In-8° cart. toile. . 4 50

266 — **ÉLÉMENTS DE GÉOMÉTRIE**. Nouvelle édition, augmentée d'un complément sur le déplacement des figures, in-12. . . . . . . 3 60

266 bis. **COMPLÉMENTS AUX ÉLÉMENTS DE GÉOMÉTRIE**. . . . . . » 30

267 — **EXERCICES DE GÉOMÉTRIE (LIVRE DU MAITRE)**; gros vol. in-12, considérablement augmenté. 13 75

268 — **ARPENTAGE, LEVÉ DES PLANS ET NIVELLEMENT**; in-12. . . 4 20

269 — **ÉLÉMENTS DE TRIGONOMÉTRIE RECTILIGNE**; in-12. . . . 2 10

270 — **COMPLÉMENTS DE TRIGONOMÉTRIE**. . . . . 9 »

271 — **ÉLÉMENTS DE GÉOMÉTRIE DESCRIPTIVE**. 3 30

272 — **EXERCICES DE GÉOMÉTRIE DESCRIPTIVE (LIVRE DU MAITRE)**; in-8°. . . . . 12 »

273 — **ÉLÉMENTS DE COSMOGRAPHIE**; in-12. . . . . 3 »

274 — **ÉLÉMENTS DE MÉCANIQUE**; in-12. . . . . 3 60

275 — **EXERCICES DE MÉCANIQUE (LIVRE DU MAITRE)**. Nouvelle édition 7 20

276 — **TABLES DE LOGARITHMES** à cinq décimales des 10 000 premiers nombres, et des lignes trigonométriques de minute en minute. 1 80

LANGUE FRANÇAISE

Nᵒˢ

232 — **GRAMMAIRE DE LA LANGUE FRANÇAISE**, pour les classes d'enseignement primaire supérieur et d'enseignement secondaire moderne. In-12. . . . . 3 60

233 — **LEÇONS DE LANGUE FRANÇAISE**, — Cours complémentaire (*ancien cours supérieur*). In-12. . . . . 1 70

234 — **LE MÊME (LIVRE DU MAITRE)**. In-12. Nouvelle édition. . . 6 »

235 — **COURS DE LITTÉRATURE**. In-12. . . . . 3 60

236 — **COURS ABRÉGÉ DE LITTÉRATURE**; in-12 . . . . 1 50

237 — **PRÉCIS D'HISTOIRE LITTÉRAIRE**, à l'usage des aspirants au baccalauréat moderne et au brevet supérieur; in-12. Nouvelle édition, revue. 2 40

238 — **RECUEIL DE COMPOSITIONS FRANÇAISES** : plans et développements précédés de conseils, à l'usage de l'enseignement secondaire moderne et de l'enseignement primaire supérieur.

    Livre de l'élève, in-8º de 176 pages. 2 10

238 *bis*. Livre du professeur, in-8º de 455 pages 4 20

239 — **MORCEAUX CHOISIS TRADUITS DES LITTÉRATURES ÉTRANGÈRES ANCIENNES ET MODERNES**, avec notices biographiques, notes littéraires et sommaires (Choix des pages les plus belles et les plus morales des auteurs grecs, latins, italiens, espagnols, anglais, allemands et russes, augmenté d'un appendice spécialement consacré à l'éloquence et à la littérature chrétienne). in-16. 2 65

240 — **MORCEAUX CHOISIS DE LITTÉRATURE FRANÇAISE**. 1ᵉʳ recueil. *En préparation.*

241 — **LE MÊME**. 2ᵉ recueil. *En préparation.*

242 — **MORCEAUX CHOISIS DE LITTÉRATURE FRANÇAISE** (Moyen âge, Renaissance, xviiᵉ, xviiiᵉ et xixᵉ siècles). 3ᵉ recueil à l'usage des classes supérieures de l'enseignement secondaire moderne, in-12 . . . . 3 75

  — **DICTIONNAIRE** (*Voir page 126*).

GÉOGRAPHIE

244 — **FRANCE ET COLONIES**. Cours spécial pour l'enseignement secondaire moderne. In-12 illustré. *Sous presse.*

245 — **SUPPLÉMENT AU COURS SUPÉRIEUR DE GÉOGRAPHIE** pour l'enseignement secondaire moderne. In-18 jésus, broché. » 60

    Ce supplément est rédigé conformément au programme officiel du 15 juin 1891 de la classe de seconde de l'Enseignement secondaire moderne.

246 — **GÉOGRAPHIE DE LA FRANCE**, cours spécial; in-12, avec cartes. 1 90

247 — **LA FRANCE ILLUSTRÉE**; in-8º, avec cartes, gravures et notes explicatives. 3 25

249 — **LES COLONIES FRANÇAISES ILLUSTRÉES**. Un fort vol. in-8º. 1 75

248 — **GÉOGRAPHIE DES COLONIES FRANÇAISES**. Un vol. in-12. 1 05

250 — **LA TERRE ILLUSTRÉE**, Cours spécial de Géographie universelle pour l'enseignement primaire et supérieur; volume in-8º de 672 pages, avec de nombreuses cartes et vignettes dans le texte. 3 25

    L'*Exploration*, revue géographique internationale, a fait le plus grand éloge de cet ouvrage, qui ne le cède en rien, pour le fond et la forme, aux plus belles publications de ce genre.

Nᵒˢ

252 — **ATLAS [D]** (in-4°), **de 100 cartes, à l'usage de l'enseignement secondaire.** — Contenant en 27 feuilles doubles imprimées recto-verso : Cosmographie et étude du Globe (45 fig.).
— Sept planisphères et les pôles. — Europe hypsométrique.—
Sept Europes : géologique, politique, etc. — France hypsométrique, géologique, littoral, schéma des montagnes. — France
par bassins (3 cartes). — France administrative, militaire, etc.
(8 cartes). — France industrielle (13 cartes), France chemins de
fer (4 cartes). — Fragment de la carte de l'état-major au
$\frac{1}{80000}$. Paris et les grandes villes (8 pages). France histo-
rique. — Palestine (5 cartes).
Cartes doubles (physique et politique) des États européens, Iles
Britanniques, Pays-Bas, Belgique, Allemagne, Autriche-
Hongrie, Suisse, Espagne, Italie, Péninsule des Balkans, Da-
nemark, Suède-Norvège, Russie. — Asie physique et poli-
tique (5 cartes). — Turquie d'Asie, Indes, Indo-Chine. —
Afrique physique et politique (6 cartes). — Algérie, Soudan,
Congo, Madagascar. — Amérique (12 cartes), Amérique du
Nord, États-Unis. — Amérique du Sud, Antilles, Brésil, etc.
— Océanie, Malaisie, Australie, etc..   5   10

253 — **ATLAS [E]** (in-4°), **de 150 cartes, à l'usage de l'enseignement
secondaire,** contenant, outre les 100 cartes précédentes,
50 planches pour servir à l'étude de l'histoire ancienne, romaine,
du moyen âge, moderne et de France. — Monde connu des
Anciens. — Palestine. — Égypte. — Asie Mineure. — Grèce.
— Empire des Perses. — Empire d'Alexandre. — Le Latium
et Rome ancienne. — Italie ancienne. Gaule romaine. — Con-
quêtes romaines. — Empire romain. — Invasion des Barbares.
— Les Arabes et les Mongols. — Périodes mérovingienne et
carlovingienne. — Empire de Charlemagne. — Les croisades.
— Europe aux xıvᵉ et xvᵉ siècles, la guerre de Cent ans. — Empire de Charles-Quint. — Empire d'Allemagne. — Époque de
Louis XV. — Europe au xvıııᵉ siècle. — Colonies européennes.
— Empire de Napoléon. — Haute Italie, Belgique et Allemagne.
— Europe en 1815. — Europe sous Napoléon III. — Posses-
sions européennes. — France historique générale et 67 cartes
analytiques   7   20

Il serait impossible de trouver dans le commerce des Atlas de même
prix, et donnant autant de matériaux appropriés à l'enseignement.

SCIENCES PHYSIQUES ET NATURELLES

200 — **NOTIONS D'HISTOIRE NATURELLE,** Zoologie, botanique, géologie (476 figures); in-12   3   »

ÉLÉMENTS D'HISTOIRE NATURELLE :

282 — **Zoologie, Botanique élémentaire, Géologie.** In-18 jésus. Les
trois volumes réunis   6   50

282 bis. **Botanique élémentaire.** In-18 jésus   2   »

282 ter. **Zoologie.** In-18 jésus   3   »

283 — **Géologie.** In-18 jésus   1   50

284 — **Botanique.** 484 figures. **(LIVRE DU MAITRE)**   4   80

280 — **PHYSIQUE,** conforme au programme de l'Enseignement moderne. In-8° (*sous presse*).

281 — **CHIMIE,** conforme au programme de l'Enseignement moderne
(*en préparation*).

AGRICULTURE ET HORTICULTURE

TENUE DES LIVRES

LANGUES ÉTRANGÈRES

LANGUE ANGLAISE

MÉTHODE ANALOGIQUE ET PRATIQUE POUR L'ÉTUDE DE LA LANGUE ANGLAISE.

LANGUE ITALIENNE

LANGUE ALLEMANDE (*En préparation*).

LANGUE ESPAGNOLE (*En préparation*).

LANGUE PORTUGAISE (*En préparation*).

ENSEIGNEMENT PRIMAIRE

LECTURE

Nᵒˢ

2 — **LIVRE-TABLEAU** ou Leçons combinées de lecture, d'écriture et de calcul; grand volume de 52 sur 65 centimètres, comprenant 36 tableaux tirés sur bristol, ornés de 25 photographies montrant la position des organes et l'aspect de la physionomie au moment de l'articulation. Nouv. édition sans pupitre . . . . . 36 　»
Avec pupitre. . . . . 42 　»
　　Emballage en caisse . . . . 2 　50

5 — **SYLLABAIRE,** ou premiers Exercices de lecture en rapport avec la Méthode d'Écriture des Frères des Écoles chrétiennes. in-18. . 　» 　20

　　Pour que les Leçons sur le Syllabaire soient profitables, il est utile qu'elles aient été préparées à l'aide du *Livre-Tableau.*

6 — **NOUVEAU SYLLABAIRE,** en rapport avec le Livre-Tableau, méthode de lecture basée sur le jeu des organes vocaux. In-16. 　» 　35

7 — **MÉTHODOLOGIE DU LIVRE-TABLEAU ET DU SYLLABAIRE,** ou Leçons combinées de lecture et d'écriture, avec un appendice sur la lecture expressive et la lecture du latin, in-16. Nouvelle édition. . . . . 1 　10

8 — **PREMIER LIVRE DE LECTURE,** faisant suite au Syllabaire. In-18. 　» 　35

9 — **SYLLABAIRE ET PREMIER LIVRE DE LECTURE** réunis; in-18. 　» 　45

COURS ÉLÉMENTAIRE

10 — **LECTURES COURANTES,** Cours élémentaire; in-12. . . . . 　» 　60

11 — **LES MÊMES,** suivies du Cours élémentaire d'Orthographe mentionné page 115. 1 　»

12 — **VIE DE N.-S. JÉSUS-CHRIST** (ABRÉGÉ DE LA), suivi des Prières de la Messe, des Évangiles et des Vêpres de tous les Dimanches et Fêtes de l'année; in-18. . . . . 　» 　80

COURS MOYEN

18 — **LECTURES COURANTES,** Cours moyen; in-12. . . . . 1 　55

COURS MOYEN ET SUPÉRIEUR

13 — **L'ENFANT BIEN ÉLEVÉ,** ou Pratique de la civilité chrétienne. In-12. . . . . 　» 　75

14 — **NOUVEAU TRAITÉ DES DEVOIRS DU CHRÉTIEN** envers Dieu, dans lequel chaque chapitre et chaque article sont suivis de traits historiques analogues aux vérités qui y sont traitées. L'ouvrage est complété par les Règles de la bienséance et de la civilité chrétienne. In-12. . . . . 1 　15

Nos

15 — **LECTURES INSTRUCTIVES ET AMUSANTES,** sur diverses inventions et découvertes, autographiées pour exercer à la lecture des manuscrits, contenant plus de 50 sortes d'écritures gravées sur cuivre. In-12. . . . . » 60

16 — **LES MÊMES (LIVRE DU MAITRE),** avec le texte en caractères d'imprimerie en regard. In-12. . . . . 1 20

17 — **ENSEIGNEMENT CIVIQUE;** Notions sommaires de droit pratique et entretiens préparatoires à l'étude de l'économie politique, rédigés conformément au programme officiel. In-12. Nouvelle édition complétée . . . . » 90

    Cet ouvrage est inscrit dans la liste des Manuels approuvés pour les Écoles publiques par le ministre de l'instruction publique. (Circulaire du 17 novembre 1883.)

MATÉRIEL — ENSEIGNEMENT

1194 — **TABLEAUX-SENTENCES,** à l'usage des Frères; 6 f^lles in-plano. 2 40

3 — **TABLEAUX DE LECTURE;** 4 feuilles in-plano, la collection. 1 10

4 — **NOUVEAUX TABLEAUX DE LECTURES;** 7 f^lles, la collection. 1 10

ÉCRITURE

463 — **COLLECTION DE DIX MODÈLES TRANSPARENTS** . . . . . . » 30

464 — **PETIT COURS DE CALLIGRAPHIE,** anglaise, ronde, coulée, batarde et gothique; précédé d'une notice explicative, format oblong. . . . . » 50

465 — **COLLECTION DE 32 MODÈLES** gravés, in-4°, comme développement des exercices précédents. Plusieurs modèles présentent des formules de billets, de factures, etc. Chaque modèle. . . . » 10
    — *La collection reliée* 3 25

RELIGION

HISTOIRE SAINTE

COURS PRÉPARATOIRE

24 — **MANUEL DES COMMENÇANTS** pour le **Cours élémentaire ;** contenant des notions d'Histoire sainte, de Langue française, de Calcul, de Système métrique, d'Histoire de France, de Géographie, des Exercices de mémoire; in-18 . . . . » 75

23 — **PETIT QUESTIONNAIRE** sur l'Histoire sainte, la Langue française, le Calcul et le Système métrique, l'Histoire de France et la Géographie; in-18. . . . . » 35

ABRÉGÉ DE L'HISTOIRE SAINTE (voir page 128).

LIVRES D'ÉGLISE

CANTIQUES
2e SÉRIE (Nouvelle).

1re SÉRIE (Ancienne).

INSTRUCTION RELIGIEUSE

(Voir les prix, page 128).

BIBLE DE ROYAUMONT, à l'usage des Écoles; 1 volume in-12; édition approuvée par S. Ém. le Cardinal Archevêque de Paris.

CATÉCHISME HISTORIQUE, abrégé, par Fleury; 1 vol. in-18; édition approuvée par S. Ém. le Cardinal Archevêque de Paris.

DOCTRINE CHRÉTIENNE, par Lhomond; 1 vol. in-12; édition approuvée par S. Ém. le Cardinal Archevêque de Paris.

ÉPITRES ET ÉVANGILES, à l'usage des Écoles chrétiennes; 1 vol. In-18; édition approuvée par S. Ém. le Cardinal Archevêque de Paris.

HISTOIRE ABRÉGÉE DE L'ANCIEN TESTAMENT, avec celle de la vie de N.-S. J.-C.; 1 vol. in-12; édit. approuvée par S. Ém. le Cardinal Archevêque de Paris.

HISTOIRE DE LA RELIGION, par Lhomond; 1 vol. in-12; édition approuvée par S. Ém. le Cardinal Archevêque de Paris.

HISTOIRE DE L'ÉGLISE, par Lhomond; 1 vol. in-12; édition approuvée par Son Ém. le Cardinal Archevêque de Paris.

MORALE EN ACTION, ou Choix d'anecdotes instructives; 1 vol. in-12; édition approuvée par S. Ém. le Cardinal Archevêque de Paris.

43 — **PSAUTIER DE DAVID**, à l'usage des Écoles chrétiennes; 1 vol. in-18; édition approuvée par S. Ém. le Cardinal Archevêque de Paris.

LANGUE FRANÇAISE

GRAMMAIRE — ORTHOGRAPHE — RÉDACTION

2ᵉ SÉRIE (Nouvelle).

Nᵒˢ   COURS ÉLÉMENTAIRE

60 — **GRAMMAIRE ÉLÉMENTAIRE DE LA LANGUE FRANÇAISE;** In-18 . . . . » 40

62 — **LEÇONS DE LANGUE FRANÇAISE, — Cours élémentaire** (ancien cours préparatoire). Ce volume comprend :
    1º Des notions de grammaire française;
    2º Des exercices d'orthographe;
    3º Des exercices de phraséologie;
    4º Des exercices élémentaires d'analyse grammaticale;
    5º Des exercices élémentaires de rédaction;
    6º Un recueil de morceaux choisis.
    1 volume in-12 . . . . » 90

63 — **LE MÊME (LIVRE DU MAITRE). In-12** 2 40

N^{os}

COURS MOYEN

64 — **GRAMMAIRE ABRÉGÉE DE LA LANGUE FRANÇAISE.** In-12.   1 50

65 — **LEÇONS DE LANGUE FRANÇAISE, — Cours moyen** (ancien cours élémentaire). Ce volume comprend :
     1° Un abrégé de grammaire française ;
     2° Des exercices orthographiques ;
     3° Des exercices de phraséologie ;
     4° Des exercices de rédaction ;
     5° Des exercices d'analyse grammaticale ;
     6° Un recueil de morceaux choisis.
     1 volume in-12 . . . . 1 20

66 — **LE MÊME (LIVRE DU MAITRE); in-12.** . . . . 3 »

COURS SUPÉRIEUR

70 — **COURS DE LANGUE FRANÇAISE, — Cours supérieur** (ancien cours moyen). Ce volume comprend :
     1° Une grammaire française avec la syntaxe ;
     2° Des exercices orthographiques ;
     3° Des exercices de dérivation et de phraséologie ;
     4° Des exercices de rédaction ;
     5° Des exercices d'analyse grammaticale et logique ;
     6° Un recueil de morceaux choisis.
     1 volume in-12 . . . . 2 10

71 — **LE MÊME (LIVRE DU MAITRE). In-12.** . . . . 6 »

101 — **DICTIONNAIRE** (Voir page 126).

1re SÉRIE (Ancienne).

COURS ÉLÉMENTAIRE

75 — **ABRÉGÉ DE GRAMMAIRE FRANÇAISE, ou Extrait de la grammaire française ; in-18** . . . . » 35

76 — **COURS ÉLÉMENTAIRE D'ORTHOGRAPHE, ou** Dictées et Exercices préparatoires au Cours intermédiaire ou de première année ; in-12 . . . . » 45

11 — **LE MÊME,** précédé des Lectures courantes mentionnées p. 111. 1 »

78 — **COURS INTERMÉDIAIRE D'ORTHOGRAPHE, ou** Dictées et Exercices en rapport avec l'Ext. de la Grammaire française ; in-12 . . . » 90

79 — **LE MÊME (LIVRE DU MAITRE); in-12.** 1 90

COURS MOYEN

84 — **EXERCICES ORTHOGRAPHIQUES, — Cours de 1re année,** précédé de l'Extrait de la Grammaire et suivi d'un petit Dictionnaire ; in-12 . . . . 1 20

83 — **LE MÊME OUVRAGE (LIVRE DU MAITRE). In-12.** 2 40

MATHÉMATIQUES

ARITHMÉTIQUE

2ᵉ SÉRIE (Nouvelle).

COURS ÉLÉMENTAIRE

COURS MOYEN

COURS SUPÉRIEUR

MATÉRIEL

TABLEAU DU SYSTÈME MÉTRIQUE.

1re SÉRIE (Ancienne).

GÉOMÉTRIE

COURS ÉLÉMENTAIRE

COURS MOYEN

COURS SUPÉRIEUR

HISTOIRE

COURS PRÉPARATOIRE

COURS ÉLÉMENTAIRE

^Nos   **COURS MOYEN**

113 — **COURS MOYEN D'HISTOIRE DE FRANCE.** In-16 (324 pages).   1   20

104 — **NOUVEAU COURS MOYEN D'HISTOIRE DE FRANCE** avec illustrations   1   50

104 *bis*. — **COURS MOYEN DÉVELOPPÉ D'HISTOIRE DE FRANCE ILLUSTRÉE.** In-12.   1   75

COURS MOYEN ET SUPÉRIEUR

114 — **CHRONOLOGIE DE L'HISTOIRE DE FRANCE;** in-12; excellent résumé propre à faciliter les réponses aux questions posées pour le brevet de capacité. (Voir page 109, atlas E, contenant 12 planches (67 cartes) pour l'étude de l'histoire de France.) .   »   75

COURS SUPÉRIEUR

115 — **COURS COMPLET D'HISTOIRE,** contenant l'Histoire sainte divisée en huit époques, l'Histoire de France suivie de quelques notions sur les anciens et les nouveaux peuples; gros vol. in-12. .   1   50

105 — **NOUVEAU COURS SUPÉRIEUR D'HISTOIRE DE FRANCE** avec de nombreuses illustrations. (Leçons et résumés. — Récits. — Cartes. — Tableaux synoptiques. — Notes lexicologiques. — Questionnaires et devoirs de rédaction.) Cart. toile.   3   75

GÉOGRAPHIE

NOTA. — L'Institut des Frères des Écoles chrétiennes a obtenu, pour ses publications géographiques, de nombreuses récompenses, entre autres : médaille de 1re classe à Vienne, en 1873; médaille de 1re classe au Congrès international de géographie à Paris, en 1875; médaille d'or à l'exposition universelle de Paris, 1878; médailles et diplômes de 1re classe à Lyon, 1880, à Bruxelles, 1882, à Rio-de-Janeiro (Brésil), 1883; diplôme d'honneur et médaille d'or à Toulouse, 1884; à Londres, 1884; à Anvers, 1884; à la Nouvelle-Orléans, 1885; diplôme hors concours (*membre du jury*), prix décerné par la Société de Géographie de Paris, 1896; diplôme d'honneur à Bruxelles, 1888; à Berne, 1891; à Chicago, 1893; à Anvers, 1894 et à Bruxelles, 1897.

2e SÉRIE (Nouvelle).

COURS PRÉPARATOIRE

125 — **GÉOGRAPHIE-ATLAS DU COURS PRÉPARATOIRE.** . . . . .   »   75

     Cet ouvrage comprend, en 32 pages : 16 cartes coloriées, 100 vignettes et gravures, 20 pages de texte. (Voir, comme partie du maître, celle du Cours élémentaire.)

COURS ÉLÉMENTAIRE

127 — **GÉOGRAPHIE-ATLAS DU COURS ÉLÉMENTAIRE.** Texte, cartes et devoirs. In-4°. Nouvelle édition . . . .   »   95

128 — **LE MÊME OUVRAGE (MAITRE).** In-4°. Nouvelle édition. . .   1   80

     Cet ouvrage comprend, en 32 pages in-4° : 16 planches coloriées, 110 vign. et grav., 17 pages de texte avec des Lectures et 145 devoirs.

CAHIERS CARTOGRAPHIQUES correspondants, N°s 1 et 2 (p. 121).

Nᵒˢ   **COURS MOYEN**

130 — **GÉOGRAPHIE-ATLAS DU COURS MOYEN.** In-4° cartonné . .   1   80

131 — **LE MÊME OUVRAGE (MAITRE)**, contenant, outre le livre de
l'élève, les solutions des devoirs qu'il renferme. In-4° cartonné.   3   60

> Cet ouvrage comprend en 54 pages in-4° : 32 cartes et cartons coloriés,
> 120 vignettes et gravures, 40 pages environ de texte et 150 devoirs.

CAHIERS CARTOGRAPHIQUES correspondants, Nᵒˢ 2, 3 et 5
(p. 121).

COURS SUPÉRIEUR

133 — **GÉOGRAPHIE-ATLAS DU COURS SUPÉRIEUR**, in-4° cartonné
toile   4   20

> Cet ouvrage comprend 210 cartes ou figures et 160 pages de texte.

CAHIERS CARTOGRAPHIQUES correspondants, Nᵒˢ 3, 4, 5, 6,
7, 8 (p. 121).

1ʳᵉ SÉRIE (Ancienne).

COURS ÉLÉMENTAIRE

137 — **COURS ÉLÉMENTAIRE DE GÉOGRAPHIE**, in-18. . . . . . .   »   40

> Le *Cours élémentaire* contient 10 cartes et 60 fig., reproduisant les
> détails du texte. Les cartes qu'il renferme peuvent dispenser d'un atlas.
> En tête de ce petit manuel on a mis des exercices de géographie locale.
>
> *Ce cours correspond à l'atlas B. ci-dessous.*

138 — **PETITE GÉOGRAPHIE**, ou Extrait de la Géographie physique,
commerciale et historique. In-18. . . . .   »   35

136 — **MÉTHODOLOGIE DE GÉOGRAPHIE**, appliquée au cours élémentaire (Manuel du maître) ; in-12.   1   80

> Ce livre donne à la fois la théorie et la pratique de l'enseignement
> de la géographie, et renferme des questions et des réponses sur les
> diverses matières du programme, notamment sur la géographie lo-
> cale, qui est traitée selon l'esprit de la méthode recommandée.

COURS MOYEN

141 — **COURS MOYEN DE GÉOGRAPHIE** *illustrée* pour l'enseignement primaire ; in-16. . . . .   »   75

> Dans le *Cours moyen*, l'élève trouve le texte même qu'il a appris
> au cours inférieur, développé autant que le comporte l'âge des
> élèves auxquels il s'adresse.
>
> *Ce cours correspond à l'atlas B, ci-dessous, et à l'atlas C,*
> *p. 121.*

141 *bis* **PARIS ET LE DÉPARTEMENT DE LA SEINE**, géographie
locale, in-16, 32 pages, piqûre . . . .   »   15

140 — *****ATLAS [B]** (in-4°) **de 30 cartes et 100 illustrations**,
contenant : Éléments de cartographie. — Cosmographie, Mappemonde et Océanie. — Europe et Asie. — Afrique et Amérique.
— France par bassins. — France administrative. — France
(chemins de fer). — Palestine et voies navigables.   1   80

---

* Les Atlas B et C renferment des cartes physiques, hypsométriques, donnant par des
teintes spéciales les régions du même niveau. — Ces atlas sont tous relativement complets :
ils contiennent les cartes générales des cinq parties du monde et des cartes spéciales de la
France, et sont tous en rapport avec les manuels. Les fragments de la France (*carte de
l'État-Major*) introduits dans ces Atlas ont pour but d'habituer les élèves à lire et à in-
terpréter ce remarquable travail national, qu'il importe à chacun de connaître.

143 — **COURS SUPÉRIEUR DE GÉOGRAPHIE**. Nouvelle édit. In-12.   1   50

> Le *Cours supérieur* est au Cours moyen ce que celui-ci est au Cours élémentaire. Chacun des États du globe y occupe une place en rapport avec son importance politique ou commerciale, mais le tiers du volume environ est réservé à la géographie nationale. Ce manuel contient aussi l'indication des principales voies commerciales du monde, et beaucoup de notes étymologiques et explicatives. Une large place y est faite au commerce et à l'industrie.
>
> *Ce cours correspond à l'atlas C, ci-dessous, ou à l'atlas D, p. 109.*

142 — **ATLAS [C]** (ɪɴ-4°) **de 50 cartes et 300 illustrations.** — Éléments de cartographie. — Mappemonde et Océanie. — Europe physique, Europe politique. — Europe centrale. — Asie physique, Asie politique. — Afrique physique, Afrique politique. — Amérique physique, Amérique politique. — France hypsométrique, géologique, montagnes et littoral. France par bassins (4 cartes). — France politique et militaire. — France industrielle (6 cartes). — France (chemins de fer). — France historique (13 cartes). — Palestine   2   70

144 — **FRANCE ET COLONIES.** — Cours spécial pour l'enseignement secondaire moderne. In-12. 500 pages (*sous presse*).

ENSEIGNEMENT POUR LES COURS CI-DESSUS

CAHIERS D'EXERCICES CARTOGRAPHIQUES, ou cartes muettes à compléter ou à reproduire. Collection de huit cahiers, renfermant chacun **16 cartes** en rapport avec le texte des ouvrages ci-dessus.

Chaque cahier. . . . .   »   15

2001 — **Cahier n° 1**, Exercices en rapport avec le Cours élémentaire. .   »   15
2002 —   —   **n° 2**, Exercices sur la France (1ʳᵉ série). . . . .   »   15
2003 —   —   **n° 3**, Exercices sur la France (2ᵉ série). . . . .   »   15
2004 —   —   **n° 4**, Exercices sur la France et ses colonies. . . . . .   »   15
2005 —   —   **n° 5**, Exercices sur les cinq parties du monde. . . . . .   »   15
2006 —   —   **n° 6**, Exercices sur l'Europe. . . . .   »   15
2007 —   —   **n° 7**, Exercices sur l'Asie, l'Afrique. . . . .   »   15
2008 —   —   **n° 8**, Exercices sur l'Amérique, l'Océanie, et la Cosmographie . . . .   »   15

GRANDES CARTES MURALES ÉCRITES, tirées en chromolithographie, de 2 m. de largeur sur 1 m. 80 c. de hauteur.

2010 — **Mappemonde**, avec planisphère politique et commercial. (Projection de Mercator.)

2011 — **France politique** (par départements), pour les classes moyennes.

2014 — **Europe politique**, pour toutes les classes.

2013 — **France hypsométrique**, pour les classes supérieures.

2015 — **Europe hypsométrique**, pour les classes supérieures.

> *Chaque carte, avec notice-questionnaire. En feuilles.*   12   »
> *Collée sur toile, vernie, montée sur gorge et rouleau.* . . .   24   »

> Nᴏᴛᴀ. — Les cartes hypsométriques indiquent par des teintes spéciales les régions d'altitudes différentes. *Les cartes d'Europe et de France furent les premières de ce genre publiées en langue française.*

Nos

2018 — **Notices-questionnaires** sur les cartes murales : Mappemonde, France et Europe. *Chaque notice.* In-12 broché. . . . . » 75

PETITES CARTES MURALES ÉCRITES. Coloriées (1 m. 30 sur 1 m. 10).

2019 — **Petite France par bassins** pour les commençants, très lisible à distance.

2020 — **Petite France politique.** Coloriée par départements.

2021 — **Petite France physique.** Coloriée hypsométriquement.

2022 — **Petite Mappemonde**, avec système planétaire (1 m. 30 sur 1 m.).

2023 — **Petite Palestine**, avec le voyage des Israélites et le plan de Jérusalem.

2024 — **Petite Europe**, avec cartons pour l'Europe par bassins et la Sphère terrestre.

2025 — **Asie physique et politique.**

2026 — **Afrique physique et politique.**

2027 — **Amérique du Nord physique et politique.**

2028 — **Amérique du Sud et Océanie**, physique et politique.
En feuille 4   80
Montée sur gorge et rouleau 9   60

2019 *bis* **CARTE DOUBLE FACE DE LA FRANCE PAR BASSINS** (**ÉCRITE ET MUETTE**), pour les commençants; imprimée recto-verso, sur papier toile avec œillets de suspension (1 m. 30 sur 1 m. 10) 6   50

2020 *bis* **CARTE DOUBLE FACE DE LA FRANCE POLITIQUE** (**ÉCRITE ET MUETTE**), imprimée recto-verso, sur papier toile avec œillets de suspension (1 m. 30 sur 1 m. 10) 6   50

2049 — **France physique et administrative**, divisée par arrondissements et indiquant les 2871 chefs-lieux de cantons. Grande et belle *Carte manuelle* de 0 m. 60 sur 0 m. 70, *complément des grands atlas.* 1 feuille. . . . . »   60

CARTES MURALES MUETTES, chacune en une feuille coloriée, devant servir surtout pour les récitations et les examens.

2042 — **Mappemonde-planisphère**, avec les deux Hémisphères et la Terre dans l'espace.

2043 — **Palestine**, avec l'Égypte, la terre de Chanaan et le plan de Jérusalem.

2046 — **Europe politique**, avec un carton *hypsométrique* et les agrandissements ci-dessous (pour le *cours moyen*).

2047 — **Europe hypsométrique** avec carton *politique*. Belgique, Hollande, Suisse et bassin du Pô agrandis (pour le *cours supérieur*).
Chaque carte de 1 m. 15 sur 0 m. 90. En feuille 3   »
Montée. 7   80

FRANCE PAR BASSINS. (Voir N° 2019.)

N^{os}

2035 — **France politique**, *départements* et chemins de fer, avec carton *historique* se complétant par la suivante. (Voir N° 2020.)

2036 — **France hypsométrique**, avec les *rivières* et un carton pour les bassins.

2037 — **Asie physique et politique**. Turquie, Indo-Chine française.

2038 — **Afrique physique et politique**. Algérie, Tunisie.

2039 — **Amérique du Nord physique et politique**. États-Unis.

2040 — **Amérique du Sud et Océanie physique et politique**.

> *Chaque carte de 1 m. 30 sur 1 m. En feuille.* 3 60
> *Montée.* . . . . 9 »

MATÉRIEL

2051 — **ROSE DES VENTS**, ou *Boussole de plafond*. Une feuille octogonale pour les exercices d'orientation en classe 1 50

2051 *bis* *La même, collée sur toile, vernie.* 2 15

2052 — **TABLEAU-CARTE ARDOISÉ DE LA FRANCE ET DE L'EUROPE**, imprimé recto et verso, et préparé pour dessiner à la craie les exercices cartographiques, par F. A.-M. (1 m. 15 sur 1 m. 30). 18 »

2053 — **LE MÊME**, monté avec baguettes 21 60

> Plusieurs imitations ont été faites de ce travail : elles se vendent beaucoup plus cher sans rendre plus de services.

2056 — **PANORAMA GÉOGRAPHIQUE**, *paysage idéal, terminologique,* résumant les principaux accidents terrestres, colorié, 1 m. 40 sur 1 m. 10, monté sur toile avec gorge et rouleau. 10 80

2057 — **PAYSAGE EN RELIEF** résumant les principaux accidents géographiques, destiné à initier les élèves à la connaissance de la nomenclature géographique. Objet en plâtre (staff), de 60 sur 70 cent. de côté, peint à l'huile 26 50

> *Emballage en caisse.* 4 50

2058 — **PAYSAGE EN RELIEF** (PETIT). Réduction du précédent. . . . . 6 »

> *Emballage en caisse.* 1 50

2060 — **RELIEF SUBMERSIBLE** (PETIT), pour la démonstration expérimentale du système des courbes de niveau appliqué à la construction des cartes hypsométriques. Objet en plâtre, peint. Voir *Notice-Questionnaire sur la carte de France* . . . . . . 6 »

> *Emballage en caisse.* . . . . 2 »

SCIENCES PHYSIQUES ET NATURELLES

COURS SUPÉRIEUR

200 — **NOTIONS D'HISTOIRE NATURELLE**, avec 476 fig. In-12. . . .   3   »

201 — **NOTIONS DE SCIENCES PHYSIQUES ET NATURELLES**, à
l'usage des aspirants au brevet élémentaire (518 figures); in-12.   3   »

MUSIQUE

SOLFÈGE DE LA JEUNESSE; in-8° oblong.

204 — **1re Partie**.   1   20

205 — **2e Partie**.   1   20

212 — **ALBUM MUSICAL DE LA JEUNESSE**; in-8° broché   4   10

TENUE DES LIVRES

COURS SUPÉRIEUR

202 — **COURS ÉLÉMENTAIRE DE TENUE DES LIVRES**. In-12 . . .   »   75

203 — **LE MÊME (LIVRE DU MAITRE)**; in-12   1   80

CAHIERS TRACÉS POUR ÉCRIRE LES EXERCICES. In-4°, piqué.

531 —   Brouillard ou Main-courante. . . . .   »   25

532 —   Journal . . . .   »   25

533 —   Grand-Livre. . . . .   »   35

ADMINISTRATION SCOLAIRE

LIVRET DE NOTES HEBDOMADAIRES.

1184 — **A**, destiné à recevoir seulement les notes des élèves; 16 pages in-18.   »   10

1185 — **B**, destiné à recevoir les notes des élèves, les observations du
maitre et celles des parents; 32 pages in-18 . . . .   »   15

1176 — **REGISTRE D'APPEL A**, par classes de 30 élèves, 11 mois . . . . .   »   90

1177 —   —   **B**,   —   de 30 à 60 élèves, 11 mois. . . .   1   50

1178 —   —   **C**,   —   de 60 à 90 élèves, 11 mois. . . .   2   10

OUVRAGES CLASSIQUES

RÉDIGÉS EN COURS GRADUÉS

CONFORMÉMENT AUX PROGRAMMES OFFICIELS

Par STELLA

A L'USAGE SPÉCIAL DES PENSIONNATS ET ÉCOLES

DE FILLES

TRAVAUX MANUELS POUR LES JEUNES FILLES. In-16.

  Section enfantine et Cours élémentaire (*sous presse*).
  Cours moyen (*en préparation*).
  Cours supérieur (*en préparation*).

MANUEL D'ÉCONOMIE DOMESTIQUE. In-16 (*en préparation*).

MANUEL D'INSTRUCTION MÉNAGÈRE. In-16 (*en préparation*).

ARITHMÉTIQUE. Cours élémentaire; in-16 (*en préparation*).

NOUVEAU
DICTIONNAIRE

UNIVERSEL ILLUSTRÉ

CONTENANT

**LANGUE FRANÇAISE — HISTOIRE, BIOGRAPHIE, GÉOGRAPHIE
SCIENCES ET ARTS**

PAR

Mᵍʳ PAUL GUÉRIN

AUTEUR DU *DICTIONNAIRE DES DICTIONNAIRES*

ET

G. BOVIER-LAPIERRE

PROFESSEUR HONORAIRE DE L'UNIVERSITÉ, OFFICIER DE L'INSTRUCTION PUBLIQUE
MEMBRE DE LA SOCIÉTÉ DE LINGUISTIQUE DE PARIS
AUTEUR DE PLUSIEURS OUVRAGES CLASSIQUES

NOUVELLE ÉDITION

**866 figures
11 cartes dans le texte
24 cartes et planches en couleurs mises à jour
44 tableaux encyclopédiques**

PAR F.-C. MENETRIER

UN VOLUME IN-18 JÉSUS DE 900 PAGES

PRIX :

Cartonnage classique 2 75
Percaline, tranche peigne. 3 50
Demi-reliure, dos chagrin, tranche peigne. 4 75

REMISES

Par ¹³/₁₂ . . . . 33 ⁰/₀
Par ¹⁰⁸/₁₀₀ . . . . 33 ⁰/₀ et 5 ⁰/₀

LE MÊME OUVRAGE

Avec supplément pour la **BELGIQUE**

est vendu aux mêmes prix

PETIT DICTIONNAIRE USUEL

DE LA LANGUE FRANÇAISE

PAR M. LESIEUR

OFFICIER DE LA LÉGION D'HONNEUR, INSPECTEUR GÉNÉRAL HONORAIRE DE L'ENSEIGNEMENT SUPÉRIEUR
ANCIEN ÉLÈVE DE L'ÉCOLE NORMALE

ÉDITION PERLE, IN-32 RAISIN

Cartonné 1 25

REMISE DE 25 ⁰/₀ ET TREIZIÈME

MANUEL D'ÉCONOMIE SOCIALE

PAR JULES MICHEL
INGÉNIEUR EN CHEF, PRÉSIDENT DE LA SOCIÉTÉ D'ÉCONOMIE SOCIALE

UN VOLUME IN-12

Broché. 1 50
Cartonné, dos percaline. . . . . 2 »

REMISE DE 25 % ET TREIZIÈME

ANNUAIRE DE L'UNION FRATERNELLE
DU COMMERCE ET DE L'INDUSTRIE
POUR L'ANNÉE 1900
Publié sous la présidence de M. Léon HARMEL

Réclamé par le clergé, les communautés religieuses et les familles chrétiennes qui tiennent à favoriser les commerçants et les industriels catholiques, cet annuaire en est à sa neuvième année d'un succès qui s'affirme de plus en plus.

Un fort volume in-8°, couverture en papier parcheminé, **3 fr. 50**

REMISE DE 50 C. SANS ESCOMPTE

LA CHANSON DE ROLAND
TEXTE CRITIQUE, TRADUCTION ET COMMENTAIRE
PAR LÉON GAUTIER

ÉDITION SPÉCIALE A L'USAGE DES CLASSES
AVEC GRAMMAIRE ET GLOSSAIRE
UN VOLUME IN-18 JÉSUS

Broché. 2 75
Cartonnage, dos en percaline, titre doré. . . . . 3 »

REMISE DE 25 % ET TREIZIÈME

FABLES DE LA FONTAINE
TRÈS JOLI VOLUME IN-18

104 sujets et frontispice gravés sur bois d'après K. Girardet.

Cartonné, couverture imprimée, dos en toile gaufrée . . . . » 70
Percaline gaufrée, tranche jaspée. . . . . » 95
Percaline gaufrée, tranche dorée 1 20

PAR CENT NET : 10 C. DE REMISE

ALPHABET ILLUSTRÉ

100 vignettes et lettres ornées, d'après K. Girardet, Grandville, Sagot, Werner, etc.

JOLI VOLUME PETIT IN-12

Cartonné . . . . » 40
Riche cartonnage, couverture chromo . . . . » 55
Le même, tranche dorée . . . . » 75

PAR CENT NET : 10 C. DE REMISE

LIVRES CLASSIQUES
A L'USAGE
DES MAISONS D'ÉDUCATION
Cartonnage, dos en toile, couverture imprimée.

——▷–✳–◁——

ABRÉGÉ ÉLÉMENTAIRE DE GÉOGRAPHIE ET DE SPHÈRE, à l'usage des écoles chrétiennes et des écoles primaires . . . . » 45

ABRÉGÉ DE L'HISTOIRE SAINTE, par demandes et par réponses; édition approuvée par S. Ém. le cardinal archevêque de Paris . . . . . » 30

ALPHABET CHRÉTIEN, à l'usage des écoles chrétiennes; édition approuvée par S. Ém. le cardinal archevêque de Paris. . . . . » 20

AVENTURES DE TÉLÉMAQUE, par Fénelon. . . . . » 60

BIBLE DE ROYAUMONT, à l'usage des écoles; édition approuvée par S. Ém. le cardinal archevêque de Paris . . . . » 70

CANTIQUES DE SAINT-SULPICE . . . . » 55

CATÉCHISME HISTORIQUE abrégé, par Fleury; édition approuvée par S. Ém. le cardinal archevêque de Paris. . . . . » 20

COURS ABRÉGÉ D'HISTOIRE DE FRANCE, depuis 420 jusqu'en 1852; présentant pour chaque règne un questionnaire et des synchronismes, par Mᵐᵉ Emma Morel . . . . » 45

DOCTRINE CHRÉTIENNE, par Lhomond; édit. approuvée par S. Ém. le cardinal archevêque de Paris . . . . » 60

ÉPITRES ET ÉVANGILES, à l'usage des écoles chrétiennes; édition approuvée par S. Ém. le cardinal archevêque de Paris. . . . . » 35

FABLES DE LA FONTAINE; édition revue et corrigée, enrichie de notes nouvelles par D. S., à l'usage de la jeunesse; approuvée par S. Ém. le cardinal archevêque de Paris . . . . » 45

GRAMMAIRE FRANÇAISE, par Lhomond. . . . . » 20

HISTOIRE ABRÉGÉE DE L'ANCIEN TESTAMENT, avec celle de la Vie de N.-S. Jésus-Christ; édition approuvée par S. Ém. le cardinal archevêque de Paris . . . . » 60

HISTOIRE DE LA RELIGION, par Lhomond; in-12; édition approuvée par S. Ém. le cardinal archevêque de Paris. . . . . » 60

HISTOIRE DE L'ÉGLISE, par Lhomond; in-12; édition approuvée par S. Ém. le cardinal archevêque de Paris. . . . . » 60

MORALE EN ACTION, ou Choix d'anecdotes instructives; in-12; édition approuvée par S. Ém. le cardinal archevêque de Paris. . . . . » 55

MYTHOLOGIE ÉPURÉE, à l'usage des classes, par Mᵐᵉ Emma Morel; in-18. . . . . » 45

PSAUTIER DE DAVID, à l'usage des écoles chrétiennes; in-18; édition approuvée par S. Ém. le cardinal archevêque de Paris. . . . . » 35

REMISE DE 25 % SUR LES CLASSIQUES CI-DESSUS

LIVRET D'OUVRIER

Cartonnage toile : **15** cent. —Le même, avec une carte routière de France : **20** cent.
Par cent net : **3** cent. de remise.

IX

TABLE ALPHABÉTIQUE

PAR NOMS D'AUTEURS

DES OUVRAGES CONTENUS DANS CE CATALOGUE

PRINCIPALES

DIVISIONS DU CATALOGUE

Il est distribué des catalogues spéciaux :

1º Pour les livres de distributions de prix.

2º Pour les éditions liturgiques.

3º Pour les livres de piété en *langue espagnole*.

4º Pour les ouvrages classiques des collèges, de l'Institut des Frères des Écoles chrétiennes et des maisons d'Éducation.

29045. — Tours, impr. Mame.

MISSALE ROMANUM — Splendide édition illustrée in-fo

MESURANT 36 × 28

Texte noir et rouge ; encadrement des pages et six cent dix gravures dans le texte d'après les dessins de L. Hallez et Leniept.

HUIT MAGNIFIQUES ESTAMPES D'APRÈS L. HALLEZ

Broché.	38	»
Chagrin 1er choix, noir, dentelle dorée, tr. dorée.	74	»
Chagrin 1er choix, rouge ou autres couleurs, dentelle dorée, tranche dorée	78	»
[N° 101.] Même reliure avec tranche marbrée dorée ou tranche rouge sous or.	80	»
Splendide reliure en maroquin du Levant, rouge ou autres couleurs, riche dentelle dorée, tranche marbrée dorée ou tranche rouge sous or.	104	»
Même reliure avec gardes en soie.	128	»

MISSALE ROMANUM — Édition in-4°, mesurant 33 × 25 imprimée en NOIR et ROUGE

AVEC UNE BELLE GRAVURE SUR ACIER ET DES LETTRES ORNÉES
PAR L. HALLEZ

Broché.	14	75
Reliure propre bordée.	24	25
Basane gaufrée, filets sur plat, tranche marbrée.	24	25
Basane gaufrée, filets sur plat, tranche dorée	27	»
[N° 83.] Chagrin noir, ornements à froid, tranche dorée.	29	50
Chagrin 1er choix, noir, ornements dorés, tr. dorée.	39	50
Chagrin 1er choix, rouge ou autres couleurs, ornements dorés, tranche dorée.	40	50
Chagrin 1er choix, rouge ou autres couleurs, dentelle dorée, tranche dorée.	47	»
Maroquin du Levant, rouge ou autres couleurs, dentelle dorée, tranche marbrée dorée ou tranche rouge sous or.	63	»
Même reliure avec gardes en soie.	83	»

MISSALE ROMANUM — Édition in-4° imprimée en NOIR

MESURANT 33 × 25

ORNÉE D'UNE GRAVURE SUR ACIER

Broché.	11	»
Reliure propre bordée.	20	»
Basane gaufrée, filets sur plat, tranche marbrée.	20	»
[N° 58.] Basane gaufrée, filets sur plat, tranche dorée	22	»
Chagrin noir, ornements à froid, tranche dorée.	25	»
Chagrin 1er choix, noir, ornements dorés, tr. dorée.	35	»
Chagrin 1er choix, rouge ou autres couleurs, ornements dorés, tranche dorée	36	»

MISSALE ROMANUM — Édition petit in-4°, mesurant 28×19
imprimée en NOIR et ROUGE
ORNÉE D'UNE GRAVURE SUR ACIER

Broché.	11	»
Reliure propre bordée, tranche peigne.	16	»
Basane gaufrée, filets dorés, tranche peigne. . . .	16	»
[N° 143.] Basane gaufrée, filets dorés, tranche dorée	17	50
Chagrin noir, ornements à froid, tranche dorée. . .	21	50
Chagrin 1er choix, noir, ornem. dorés, tr. dorée . .	28	50
Chagrin 1er choix, rouge ou autres couleurs, ornements dorés, tranche dorée.	29	50
Maroquin du Levant, rouge ou autres couleurs, ornements dorés, tr. marbrée dorée ou rouge sous or.	47	50
Même reliure, avec gardes en soie	62	50

MISSÆ PRO DEFUNCTIS E MISSALI ROMANO EXCERPTÆ
Édition revue et approuvée par la Sacrée Congrégation des Rites.
1 volume in-4° imprimé en noir et rouge, mesurant 33 × 23

Basane noire, gaufrée à froid, tranche marbrée. .	5	25
Chagrin noir, ornements à froid, tranche dorée. .	9	»

Toutes les reliures de nos Missels ont la tranche creuse, la couture sur nerfs et le dos souple.

SIGNETS en soie unie, glands dorés, pour Missels.	5	»
SIGNETS très riches, en soie moirée, glands dorés, pour Missels.	7	»

BREVIARIUM ROMANUM

Éditions revues avec le plus grand soin et approuvées par la Sacrée Congrégation des Rites, avec tous les derniers Offices concédés.

Nous nous chargeons d'adapter à nos éditions, en toutes reliures et sans augmentation de prix, les Propres diocésains qui nous sont adressés.

L'exécution de ces reliures demande environ un mois.

BREVIARIUM ROMANUM, quatre volumes — Nouvelle édition in-12, mesurant 18×10, imprimée en NOIR et ROUGE sur papier INDIEN, très mince, opaque et très solide (chaque volume ne pèse, relié, que 500 grammes et ne mesure que 2 centimètres d'épaisseur), et contenant le moins de renvois possible.

Texte encadré d'un filet rouge. Chaque volume est orné d'une gravure sur acier.

Broché.	25	»
Chagrin 2e choix, noir, ornements à froid, tr. dorée.	41	»
Chagrin 1er choix, noir, ornem. à froid, tr. dorée. .	48	»
Chagrin 1er choix, couleur, ornem. à froid, tr. dorée.	50	75
Chagrin 1er choix, noir, ornem. dorés, tr. dorée . .	51	»
Chagrin 1er choix, couleur, ornem. dorés, tr. dorée.	53	75
[N° 88] Chagrin 1er choix, noir, reliure molle, coins arrondis, tr. dorée	50	»
Même reliure avec tranche rouge sous or.	52	75
Chagrin poli, uni, avec charnières, tranche dorée .	56	»
Même reliure avec ornements dorés	59	»
Maroquin du Levant, poli, uni, tr. marbrée dorée ou tr. rouge sous or.	64	»
Même reliure avec ornements dorés	67	»

Reliures molles en chagrin 1er choix et en maroquin, aux mêmes prix que les reliures fermes.

BREVIARIUM ROMANUM, quatre volumes — Édition in-12, mesurant 19 × 11 imprimée en **NOIR** et **ROUGE** sur papier teinté.

TEXTE ENCADRÉ D'UN FILET ROUGE — CHAQUE VOLUME EST ORNÉ D'UNE GRAVURE SUR ACIER

Broché.	20	»
Chagrin gaufré à froid, ornements à froid, tr. dorée.	34	»
Chagrin 2ᵉ choix, noir, ornements à froid, tr. dorée.	36	»
Chagrin 1ᵉʳ choix, noir, ornements à froid, tr. dorée.	43	»
Chagrin 1ᵉʳ choix, couleur, ornem. à froid, tr. dorée.	45	75
Chagrin 1ᵉʳ choix, noir, ornem. dorés, tr. dorée. . .	46	»
[N° 87.] Chagrin 1ᵉʳ choix, couleur, ornem. dorés, tr. dorée.	48	75
Chagrin 1ᵉʳ choix, noir, reliure molle, coins arrondis, tr. dorée	45	»
Même reliure avec tranche rouge sous or.	47	75
Chagrin poli, uni, avec charnières, tranche dorée.	51	»
Même reliure avec ornements dorés.	54	»
Maroquin du Levant, poli, uni, tranche marbrée dorée ou tranche rouge sous or.	59	»
Même reliure avec ornements dorés	62	»

Reliures molles en chagrin 1ᵉʳ choix et en maroquin, aux mêmes prix que les reliures fermes.

Ajouter aux prix des Bréviaires in-12 (nᵒˢ 87 et 88), pour :

Gardes en basane maroquinée rouge.	11	»
Gardes en peau (mouton anglais rouge)	16	»
Gardes en soie	16	»

BREVIARIUM ROMANUM — Nouvelle édition en **DEUX** volumes in-16, mesurant 16 × 10, tirée en **NOIR** et **ROUGE** sur papier **INDIEN** teinté, spécialement fabriqué, très mince et très solide sans être transparent, avec le minimum de renvois.

Chacun des volumes, d'environ **1700 pages**, ne pèse, relié, que **550 grammes** et ne mesure que **3 centimètres** d'épaisseur. Les caractères, gravés sur nos indications, sont nets, gras, très lisibles et très élégants. Un *encadrement rouge*, de *nombreuses frises,* des *lettrines* d'un goût sévère, ornent le texte sans le surcharger.

Cette édition est ornée de quatre sujets hors texte d'après les grands maitres, tirés en héliogravure.

Broché	17	»
Chagrin 2ᵉ choix, noir, ornements à froid, tr. dorée.	25	»
Chagrin 1ᵉʳ choix, noir, ornements à froid, tr. dorée.	27	»
Chagrin 1ᵉʳ choix, couleur, ornements à froid, tr. dorée.	28	50
Chagrin 1ᵉʳ choix, noir, ornements dorés, tr. dorée .	28	50
Chagrin 1ᵉʳ choix, couleur, ornements dorés, tr. dorée.	30	»
[N° 74.] Chagrin 1ᵉʳ choix, noir, rel. molle, coins arr., tr. dor.	28	50
Même reliure, avec tranche rouge sous or.	30	50
Chagrin poli, uni, avec charnières, tr. dorée.	33	»
Même reliure, avec ornements dorés.	34	50
Maroquin du Levant, poli, uni, tranche marbrée dorée ou tranche rouge sous or.	39	»
Même reliure, avec ornements dorés.	40	50

Reliures molles en chagrin 1ᵉʳ choix et en maroquin, aux mêmes prix que les reliures fermes.

Ajouter aux prix de ce Bréviaire, pour :

Gardes en basane maroquinée rouge.	5	50
Gardes en peau (mouton anglais rouge).	8	»
Gardes en soie	8	»

Vient de paraître :

BREVIARIUM ROMANUM, quatre volumes in-18, mesurant 15×9. — Belle édition imprimée en NOIR et ROUGE sur papier INDIEN teinté, ornée d'un grand nombre de vignettes, de lettrines et d'un encadrement rouge, avec tous les Offices nouveaux et sans renvois; chaque volume est orné d'une héliogravure.

Bien que les **caractères soient gras et très lisibles**, chaque volume ne mesure que 2 *centimètres* d'épaisseur et ne pèse, relié, que 340 *grammes*.

Broché.	20	»
Chagrin 2ᵉ choix, noir, ornements à froid, tr. dorée. .	38	»
Chagrin 1ᵉʳ choix, noir, ornements à froid, tr. dorée.	45	»
Chagrin 1ᵉʳ choix, couleurs, ornements à froid, tr. dorée.	47	75
Chagrin 1ᵉʳ choix, noir, reliure molle, coins arrondis, tr. dorée	47	»
[Nᵒ 52.] Même reliure avec tranche rouge sous or. . . .	49	75
Chagrin 1ᵉʳ choix, noir, ornements dorés, tr. dorée.	48	»
Chagrin 1ᵉʳ choix, couleur, ornem. dorés. tr. dorée.	50	75
Chagrin poli, uni, avec charnières, tranche dorée. .	53	»
Même reliure avec ornements dorés.	56	»
Maroquin du Levant, poli, uni, tranche marbrée dorée ou tranche rouge sous or.	60	»
Même reliure avec ornements dorés.	63	»

Reliures molles en chagrin 1ᵉʳ choix et en maroquin, aux mêmes prix que les reliures fermes.

LA MÊME ÉDITION sur papier de CHINE

Volumes ayant le poids et l'épaisseur des Bréviaires ordinaires en ce format.

Broché.	16	»
Chagrin 2ᵉ choix, noir, ornements à froid, tr. dorée. .	34	»
Chagrin 1ᵉʳ choix, noir, ornements à froid, tr. dorée.	41	»
Chagrin 1ᵉʳ choix, couleurs, ornements à froid, tranche dorée.	43	75
Chagrin 1ᵉʳ choix, noir, reliure molle, coins arrondis, tr. dorée	43	»
[Nᵒ 53.] Même reliure, avec tranche rouge sous or. . . .	45	75
Chagrin 1ᵉʳ choix, noir, ornements dorés, tr. dorée. .	44	»
Chagrin 1ᵉʳ choix, couleurs, ornem. dorés, tr. dorée.	46	75
Chagrin poli, uni, avec charnières, tranche dorée. .	49	»
Même reliure, avec ornements dorés.	52	»
Maroquin du Levant, poli, uni, tranche marbrée dorée ou tranche rouge sous or.	56	»
Même reliure, avec ornements dorés.	59	»

Reliures molles en chagrin 1ᵉʳ choix et en maroquin, aux mêmes prix que les reliures fermes.

Ajouter aux prix de ces deux Bréviaires, pour :

Gardes en basane maroquinée rouge.	9	»
Gardes en peau (mouton anglais rouge).	13	»
Gardes en soie.	13	»

BREVIARIUM ROMANUM (TOTUM)

UN VOLUME IN-12, MESURANT 18×12
Avec une gravure sur acier.

ÉDITION imprimée en NOIR et ROUGE sur papier BLANC

	Broché	8 »
[N° 94.]	Chagrin gaufré à froid, ornements à froid, tr. dorée.	14 »
	Chagrin 1er choix, noir, ornements à froid, tr. dorée.	16 »
	Chagrin 1er choix, noir, ornements dorés, tr. dorée.	17 50

ÉDITION imprimée en NOIR et ROUGE sur papier de CHINE

	Broché	10 75
[N° 95.]	Chagrin gaufré à froid, ornements à froid, tr. dorée.	16 75
	Chagrin 1er choix, noir, ornem. à froid, tr. dorée. .	18 75
	Chagrin 1er choix, noir, ornem. dorés, tr. dorée . .	20 25

*Reliures molles en chagrin 1er choix, aux mêmes prix
que les reliures fermes.*

---

*Toutes les reliures de nos Bréviaires, à l'exception du chagrin
gaufré, sont solidement cousues sur nerfs.*

*Les reliures en chagrin demandées avec tranche rouge sous or
ou tranche marbrée dorée sont augmentées de **2 fr. 75** pour les
Bréviaires en 4 volumes, et de **2 fr.** pour le Bréviaire en 2 volumes.*

NOTA. — La maison fait en outre, **pour les Bréviaires**, des reliures en
chagrin 1er choix **plats et dos souples**, qui, outre la flexibilité des plats, ont
une endossure spéciale, et augmentent la reliure du prix de **4 francs** pour les
Bréviaires en 4 volumes et de **3 francs** pour le Bréviaire en 2 volumes.

HORÆ DIURNÆ

*Breviarii Romani, ex decreto sacrosancti Concilii Tridentini restituti; S. Pii V Ponti-
ficis maximi jussu editi; Clementis VIII, Urbani VIII et Leonis XIII auctoritate recogniti.*

*Editions revues avec le plus grand soin, approuvées par la Sacrée
Congrégation des Rites et contenant tous les derniers Offices
concédés.*

HORÆ DIURNÆ — Édition in-32 raisin, imprimée en NOIR et ROUGE sur papier de CHINE

UN VOLUME MESURANT 12 × 8, ORNÉ D'UNE GRAVURE SUR ACIER

	Broché.	2 50
	Basane gaufrée, tranche rouge ou marbrée.	3 30
	Chagrin gaufré à froid, ornem. à froid, tr. dorée. .	4 »
	Chagrin 1er choix, noir, ornem. à froid, tr. dorée. .	5 75
	Chagrin 1er choix, noir, reliure molle, coins arrondis, tr. dorée.	6 25
	Même reliure, avec tranche rouge sous or.	6 65
[N° 94.]	Chagrin 1er choix, noir, ornements dorés, tr. dorée.	6 50
	Maroquin du Levant, poli, uni, tranche marbrée dorée ou rouge sous or	10 »
	Même reliure avec gardes en soie	12 25
	Maroquin du Levant, poli, ornements dorés, tranche rouge sous or ou marbrée dorée.	10 75
	Même reliure avec gardes en soie.	13 »

*Reliures molles en chagrin 1er choix et en maroquin, aux mêmes prix que
les reliures fermes.*

HORÆ DIURNÆ — Édition in-18, gros caractères

UN VOLUME IMPRIMÉ EN NOIR ET ROUGE, SUR PAPIER DE CHINE
MESURANT 15 × 9
ORNÉ D'UNE GRAVURE SUR ACIER

Broché.	3	»
Basane gaufrée, tranche rouge ou marbrée	4	80
Chagrin gaufré à froid, ornements à froid, tr. dorée.	6	»
Chagrin 1er choix, noir, ornem. à froid, tr. dorée. .	9	»
Chagrin 1er choix, noir, reliure molle, coins arrondis, tr. dorée	9	50
Même reliure, avec tranche rouge sous or.	10	20
[N° 92.] Chagrin 1er choix, noir, ornem. dorés, tr. dorée	9	75
Maroquin du Levant, poli, uni, tr. marbrée dorée ou tr. rouge sous or.	13	»
Même reliure avec gardes en soie.	17	50
Maroquin du Levant, poli, ornements dorés, tranche marbrée dorée ou rouge sous or.	13	75
Même reliure avec gardes en soie.	18	25

Reliures molles en chagrin 1er choix et en maroquin, aux mêmes prix que les reliures fermes.

		In-12	5 »
	pour BRÉVIAIRES	In-16	5 »
CUSTODES EN CHAGRIN NOIR		In-18	4 »
	— DIURNAUX	In-18	4 »
		In-32	3 50

INITIALES à froid ou dorées : 40 cent. par volume.

OFFICIA VOTIVA PER ANNUM

Un volume in-16, mesurant 16 × 10, imprimé en noir et rouge, **caractères très nets et très lisibles**, édition ornée d'un encadrement rouge ; texte soigneusement revu et approuvé. Ce volume, très portatif, contient *in extenso les Offices votifs* concédés par Sa Sainteté Léon XIII, *les Psaumes des Vêpres, des Nocturnes, des Laudes et des Petites Heures et les nouveaux Offices concédés depuis plusieurs années.* L'utilité et la commodité de ce volume, qui dispense, à certaines heures, de se charger d'un Bréviaire, sont indiscutables.

Percaline noire, souple, tranche rouge.   1 50

FEUILLETS DÉTACHÉS

A AJOUTER AUX BRÉVIAIRES, CONTENANT :

Ps. Venite, — Te Deum, — Absolutiones et Benedictiones, — Responsoria I, II et III Nocturni, — Psalmi ad Laudes, ad Primam, ad Tertiam, ad Sextam, ad Nonam, ad Vesperas, — Commemorationes communes, Antiphonæ et Versiculi pro Commemoratione Sanctorum.

Gratuitement avec les Bréviaires.

Pris séparément. . . . .   » 75

RITUALE ROMANUM

Un volume in-16, mesurant 16 × 10. Édition avec chant, *ornée d'un filet rouge* et d'un grand nombre de *vignettes*, imprimée en *noir et rouge*, caractères très lisibles.

Broché.	2 50
Basane noire, filets et chiffre à froid, tr. jaspée. .	4 »
Chagrin noir, ornements à froid, tranche dorée. . .	5 50

LA MÊME ÉDITION, sur papier INDIEN

Volume de poche, très mince, très léger, très portatif.

Broché.	3 50
Chagrin noir, ornements à froid, tranche dorée. . .	6 50
Chagrin 1ᵉʳ choix, noir, reliure molle, tr. dorée. . .	9 »

DE IMITATIONE CHRISTI LIBRI QUATUOR, in-32 carré, mesurant 10 × 7; jolie édition PERLE, augmentée de la Messe et des Vêpres du Dimanche.

Basane propre bordée, 1 gravure.	1	25
Basane gaufrée, 1 gravure.	1	25
[Nᵒ 16.] DORURE SUR TRANCHE		
Reliure anglaise, basane, ornem. à froid, 2 gravures.	1	50
Chagrin gaufré à froid, 3 gravures.	1	95
Chagrin 1ᵉʳ choix, noir, titre colorié, 4 gravures. .	3	50
Chagrin 1ᵉʳ choix, La Vallière, titre colorié, 4 grav.	3	65

MANUALE CHRISTIANUM, in quo continentur : — 1ᵒ Novum Jesu Christi Testamentum Vulgatæ editionis juxta exemplar Vaticanum. — 2ᵒ Officium parvum B. M. Virginis. — 3ᵒ De Imitatione Christi libri quatuor. (LIVRE DE POCHE.) Edition in-32 petit carré, mesurant 10 × 7, ornée d'une gravure sur acier et d'un encadrement rouge.

Reliure propre bordée, tranche rouge.	3	30
[Nᵒ 96.] Chagrin gaufré à froid, tranche dorée.	3	85
Chagrin 1ᵉʳ choix, noir, tr. dorée ou tr. rouge. . . .	4	90
Chagrin 1ᵉʳ choix, La Vallière, tr. dorée ou tr. rouge.	5	10

ÉDITION SUR PAPIER INDIEN (volume très portatif)

Chagrin noir, reliure molle, coins arrondis, tranche rouge sous or, monogramme à froid.	5	60
La même reliure, en chagrin grenat.	5	80

Un catalogue spécial, avec spécimens des publications liturgiques, est envoyé sur demande affranchie adressée à MM. A. MAME et Fils, éditeurs, à Tours.

ALFRED MAME ET FILS

IMPRIMEURS-LIBRAIRES

A TOURS

NOUVELLES PUBLICATIONS

ÉTRENNES 1899

TOURS — AOUT 1898

VERSAILLES
ET LES DEUX TRIANONS

TEXTE PAR PHILIPPE GILLE

ET ENVIRON 325 ILLUSTRATIONS, DESSINS ET RELEVÉS

PAR

MARCEL LAMBERT

ARCHITECTE DES DOMAINES DE VERSAILLES ET DES TRIANONS

Conditions de la souscription

L'ouvrage se composera de deux volumes du format grand in-4°, comprenant plus de 600 pages, illustrées de plus de **75** planches doubles et simples hors texte (dont environ 14 eaux-fortes, 12 hélic-chromies, et le reste en héliogravures) et de **250** sujets dans le texte, de dimensions diverses, gravés sur bois.

L'ouvrage paraîtra par fascicules, à raison d'un fascicule par mois, à partir du mois de novembre 1898.

Chaque fascicule sera composé d'environ 24 pages de texte et gravures, comprenant **3** planches hors texte doubles et simples et environ **10** sujets dans le texte.

L'ouvrage sera complet en 25 livraisons et sera tiré au nombre des souscripteurs.

Prix de chaque livraison, sous une couverture imprimée : **12** francs.

Il n'est reçu de souscription qu'à l'ouvrage complet.

Un spécimen du texte et des illustrations, comprenant 24 pages de texte, cinq hors texte dont deux eaux-fortes, deux gravures en couleurs et une héliogravure, sera donné en communication à toute personne qui en fera la demande à la maison Mame, à Tours. Pour les amateurs qui désireraient le conserver, le prix de ce spécimen est de **15** francs.

REMISE DE 25 %

*Voir à la page suivante la désignation des exemplaires numérotés
et les prix*

VERSAILLES

ET LES DEUX TRIANONS

GRANDE ÉDITION DE LUXE

150 EXEMPLAIRES NUMÉROTÉS, SAVOIR :

N⁰ˢ **1** à **25**, sur grand papier des manufactures impériales du Japon, comprenant : 1° une épreuve avec remarque et sans lettre des eaux-fortes en premier état; — 2ᵉ une épreuve avec remarque et sans lettre des eaux-fortes terminées; — 3° une épreuve sans remarque et sans lettre des eaux-fortes terminées; — 4° une épreuve avec lettre des eaux-fortes terminées, et double suite de toutes les héliogravures, dont une épreuve avec remarque. . . **1000** fr.

N⁰ˢ **26** à **65**, sur papier de Chine, comprenant : 1ᵉ une épreuve avec remarque et sans lettre des eaux-fortes terminées; — 2ᵉ une épreuve sans remarque et sans lettre des eaux-fortes terminées; — 3ᵉ une épreuve sans remarque avec lettre des eaux-fortes terminées, et double suite de toutes les héliogravures, dont une épreuve avec remarque . . . . **600** fr.

N⁰ˢ **66** à **150**, tirage sur grand vélin du Marais, les eaux-fortes sur papier à la cuve, comprenant : une épreuve avant la lettre de toutes les tailles-douces et une épreuve avec lettre. . . **450** fr.

REMISE DE 25 %

GRANDES PUBLICATIONS ILLUSTRÉES

LA ROCHE-QUI-TUE

PAR

PIERRE MAËL

UN VOLUME PETIT IN-4°, ORNÉ DE 58 GRAVURES

D'APRÈS SCOTT

LE

BATEAU-DES-SORCIÈRES

PAR

GUSTAVE TOUDOUZE

UN VOLUME PETIT IN-4°, ORNÉ DE 60 GRAVURES

D'APRÈS VULLIEMIN

PRIX DE CHACUN DES DEUX VOLUMES CI-DESSUS :

Reliure en percaline, plaques artistiques en plusieurs couleurs, tr. dorée. 10

REMISE DE 33 % ET TREIZIÈME

2

BIBLIOTHÈQUE ILLUSTRÉE — FORMAT IN-FOLIO

LE

NOUVEAU VOYAGE DE FRANCE

PAR

LOUIS BARRON

OUVRAGE ORNÉ DE 250 GRAVURES

PRIX :

Broché. . . . . 12 »
Percaline, plaque en couleurs, or. . . . . 15 »
Demi-reliure, dos en chagrin rouge. tranche dorée. . . . . . 19 »

REMISE DE 40 % ET TREIZIÈME

BIBLIOTHÈQUE ILLUSTRÉE — FORMAT IN-4°, I^{RE} SÉRIE

LA

MARINE D'AUJOURD'HUI

PAR G. CONTESSE

OUVRAGE ORNÉ DE NOMBREUSES GRAVURES SUR BOIS

PRIX :

Broché. 5 50
Broché, couverture chromo 5 75
Percaline, ornements en noir et or, plaque spéciale, tranche dorée. . 8 50
Demi-reliure, dos en chagrin doré, plats en toile, tranche dorée . 10 »

Remise de 40 % et treizième.

BIBLIOTHÈQUE ILLUSTRÉE — FORMAT IN-4º, 2ᴱ SERIE

LES

COMPAGNONS DE L'ALLIANCE

UNE CONSPIRATION SOUS LE PREMIER EMPIRE

Par JEAN GUÉTARY

OUVRAGE ORNÉ DE 30 GRAVURES

PRIX :

Broché, couverture chromo. 3 50
Percaline, plaque spéciale, tranche dorée. . . . . 7 »

REMISE DE 40 % ET TREIZIÈME

BIBLIOTHÈQUE ILLUSTRÉE — FORMAT IN-4º CARRE

A LA POINTE DE L'ÉPÉE

Par JACQUES LEMAIRE

47 gravures d'après les dessins de Job

L'ODYSSÉE DE CLAUDE TAPART

Par JEAN DRAULT

Ouvrage orné de 42 gravures par Métivet

LE SABRE A LA MAIN

Par MARCEL LUGUET

39 GRAVURES D'APRÈS ALFRED PARIS

PRIX DE CHACUN DES TROIS VOLUMES CI-DESSUS :

Relié en percaline rouge, plaque spéciale en or et noir biseautée, tr. dorée. 5 »

Remise de 33 % et treizième.

LOURDES

Un album de 80 pages, illustré de 158 photographies prises spécialement d'après nature.

Prix : richement cartonné, **3 francs**; net, **2 francs**.

L'ouvrage se vend également en 5 fascicules divisés comme suit :

1er FASCICULE. — Le pèlerinage national du Jubilé de 1897.
2e   »   Les guérisons.
3e   »   Bernadette, Les pèlerinages. Le vieux Lourdes. Bétharram.
4e   »   La journée d'un pèlerin à Lourdes. — Pau.
5e   »   Les environs de Lourdes : Argelès, Luz. Saint-Sauveur, Cauterets. Barèges. Gavarnie.

Prix de chaque fascicule, **60** centimes; net, **40** centimes.

LE LIEU

DU CRUCIFIEMENT DE SAINT PIERRE

PAR

Mgr J.-B. LUGARI

UN VOLUME IN-8° DE 150 PAGES, AVEC 4 PLANCHES EN SIMILI

Prix : **2 fr.** — Remise de 25 %.

LA REVUE MAME

JOURNAL HEBDOMADAIRE DE LA FAMILLE

PRIX DU NUMÉRO : **15** cent., *net :* **10** cent.

ABONNEMENTS : un an, **8** fr. — Six mois, **4** fr. **50**. — *Étranger,* **11** fr. **50**

Remise de **1** fr. sur les abonnements d'un an. — Remise de **50** cent. sur les abonnements de six mois.

REVUE MAME

ANNÉE 1897-1898

Un magnifique volume très illustré, relié, pour cadeau d'Étrennes,
en percaline, ornements or et noir.

PRIX : **10** fr. — Remise **33** %.

L'emboîtage seul est vendu **2** *fr.* **50**; *net,* **1** *fr.* **70**.

ALMANACH DE LA JEUNESSE

ET DE LA FAMILLE

Pour 1899

UN VOLUME IN-4º (FORMAT DE LA REVUE MAME) DE 100 PAGES

ILLUSTRÉ DE 60 GRAVURES ET D'UNE AQUARELLE

PRIX : broché, **50** cent., remise **33** %. — Par douzaine, **40** % et **13**ᵉ.

LIVRES CLASSIQUES

DES

FRÈRES DES ÉCOLES CHRÉTIENNES

CLASSIQUES NOUVEAUX

Nos

306 — **Thèmes anglais** (livre de l'élève). In-8°. **1 50**

212 — **Solutions des problèmes** contenus dans les *Leçons d'Agriculture et d'Horticulture*. In-12 . . . . **1** »

25 — **Histoire sainte,** cours élémentaire illustré, in-12 . . . . » **60**

195*bis.* **Exercices et problèmes,** tirés du *Cours supérieur de Géométrie.* In-12. . . . . » **75**

141 — **Cours moyen de Géographie illustré,** in-12. . . . . . » **75**

42 — **Prières et Cantiques.** (Nouvelle édition), in-18. . . . . . » **90**

SOUS PRESSE

34 — **Précis d'Histoire de l'Église,** in-12.

307 — **Thèmes anglais** (livre du maître). In-8°.

EN PRÉPARATION

265 — **Nouveau cours de Géométrie.**

280 — **Traité de Physique.**

281 — **Traité de Chimie.**

31 — **Histoire sainte,** cours moyen illustré.

PAROISSIENS POUR PREMIÈRE COMMUNION

GARNITURES EN CELLULOÏDE

NOUVEAU TARIF

Nº 28. — Plaques unies, cadre jonc **argenté**. 1 60

Nº 29. — 3 sujets en reliefs, plaques moulées, minces, 1 ferm.   1 60

Nº 30. — 3 sujets incrustés. . . . . 1 ferm.   2 75

Nº 74 | Nº 32. — 3 sujets incrustés, bords Louis XV. . . . . 1 ferm.   3 »

Nº 33. – 5 sujets, appliques ivoire . . . . 1 ferm.   3 »

Nº 34. — 3 sujets incrustés sur reliefs, fond moiré . . 1 ferm.   4 »

Nº 35. — 5 sujets, appliques ivoire. . . . . 2 ferm.   3 25

Nº 41. — Plaques unies, cadre jonc. 1 50

[**Nº 99**] Nº 42. — 3 sujets en reliefs, plaques moulées minces, 1 ferm.   1 40

Nº 43. — 3 sujets incrustés. . . . . 1 ferm.   1 90

Nº 36. — 3 sujets en reliefs, plaques moulées minces, 1 ferm.   2 25

Nº 37. — 3   —   —   mêmes modèles. . . . . . 2 ferm.   2 50

Nº 38. — 3 sujets incrustés, bords Louis XV. . . . . . 1 ferm.   3 »

Nº 2 | Nº 39. — 5 sujets, appliques ivoire. . . . . 1 ferm.   3 »

Nº 40. — 5 sujets, mêmes modèles. . . . . 2 ferm.   3 25

Nº 44. — 3 sujets en reliefs, décorés en or. . . . . . 1 ferm.   4 »

Nº 45. — 3 sujets en reliefs, décorés en or et incrustés, 1 ferm.   4 50

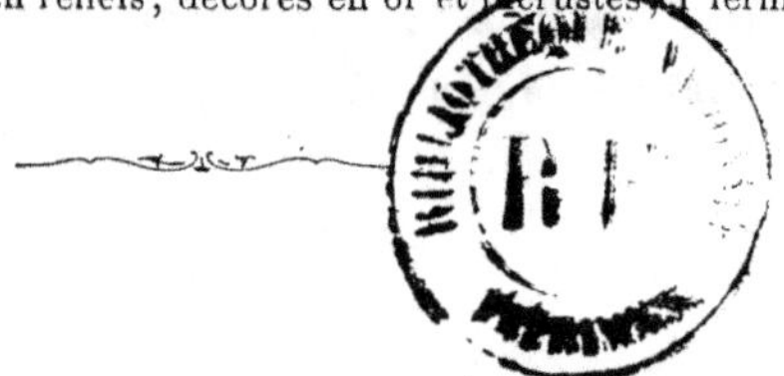

ALFRED MAME ET FILS, ÉDITEURS, A TOURS

SPÉCIMENS DES INITIALES & COURONNES

à pousser en or et à froid sur les volumes

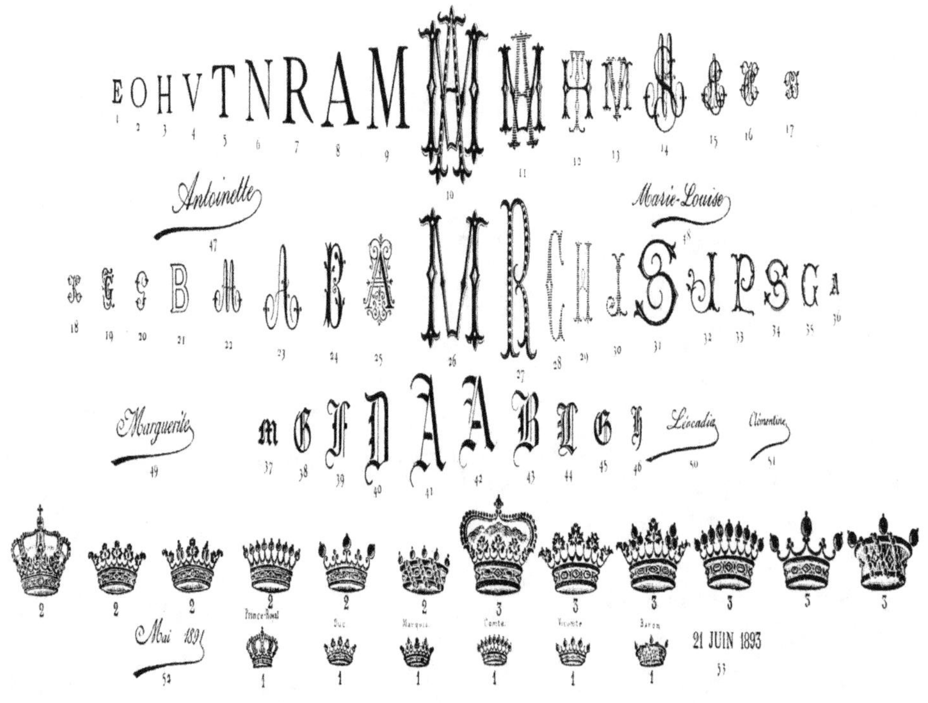

Spécimens des Chiffres et Couronnes en Argent brillant, vieil Argent, Argent niellé et Vermeil

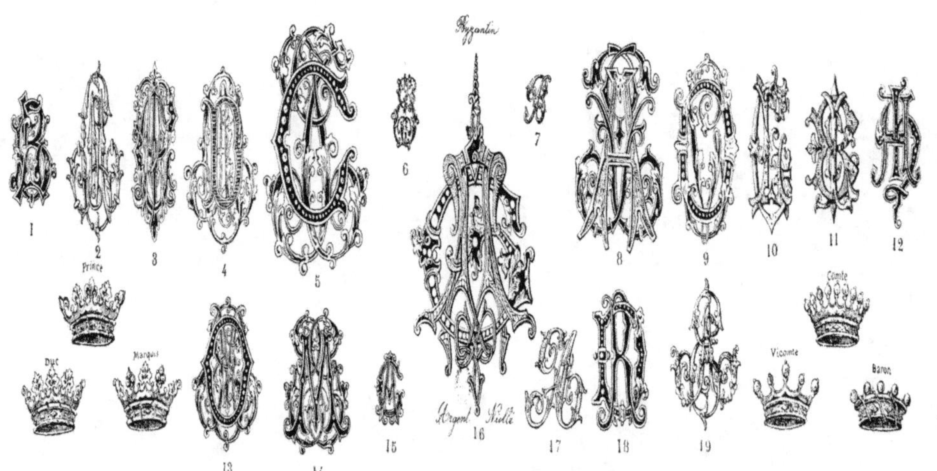

ALFRED MAME ET FILS

IMPRIMEURS-LIBRAIRES

A TOURS

NOUVELLES PUBLICATIONS

ÉTRENNES 1898

TOURS — AOUT 1897

GRANDES PUBLICATIONS ILLUSTRÉES

SOUVENIRS D'ENFANT

CONTES DE BONNE PERRETTE

Par RENÉ BAZIN

UN VOLUME PETIT IN-4º, ORNÉ DE 40 DESSINS D'APRÈS VULLIEMIN

PRIX

Relié en percaline, ornements en or et couleurs, tranche dorée. . **10** »

REMISE DE 33 % ET TREIZIÈME

BIBLIOTHÈQUE ILLUSTRÉE — FORMAT IN-4º, IRE SÉRIE

LES SAINTS
PAR LES GRANDS MAITRES

HAGIOGRAPHIE ET ICONOGRAPHIE

PAR CHARLES PONSONAILHE

OUVRAGE ORNÉ DE 147 GRAVURES

PRIX :

Broché, couverture imprimée 5 50
Broché, couverture chromo 5 75
Percaline, ornements en noir et or, plaques spéciales, tranche dorée . 8 50
Demi-reliure, dos en chagrin doré, plats en toile, tranche dorée . . 10 »

Remise de 40 % et treizième.

BIBLIOTHÈQUE ILLUSTRÉE — FORMAT IN-4°, 1RE SÉRIE

LES
ÉCOLES PROFESSIONNELLES

Par ALEXIS LEMAISTRE

OUVRAGE ORNÉ DE 72 GRAVURES SUR BOIS

GUERRE DU CANADA

1756-1760

MONTCALM ET LÉVIS

Par L'ABBÉ H.-R. CASGRAIN

OUVRAGE ORNÉ DE 72 GRAVURES

PRIX DE CHACUN DES DEUX VOLUMES CI-DESSUS :

Broché, couverture imprimée.	5	50
Broché, couverture chromo	5	75
Percaline, ornements en noir et or, plaques spéciales, tranche dorée.	8	50
Demi-reliure, dos en chagrin doré, plats en toile, tranche dorée. .	10	»

Remise de 40 %/₀ et treizième.

BIBLIOTHÈQUE ILLUSTRÉE — FORMAT IN-4°, 2^E SERIE

LES
CHASSEURS D'ÉPAVES

Par GEORGES PRICE

OUVRAGE ORNÉ DE 22 GRAVURES

PRIX :

Broché, couverture chromo.	3	50
Percaline, plaques spéciales, tranche dorée	7	»

REMISE DE 40 %/₀ ET TREIZIÈME

BIBLIOTHEQUE ILLUSTRÉE — FORMAT IN-4°, 2ᴱ SERIE

LES
FÊTES DE NOS PÈRES

PAR

OSCAR HAVARD

OUVRAGE ORNÉ DE 42 GRAVURES

PRIX :

Broché, couverture chromo. 3 50
Percaline, plaques spéciales, tranche dorée. . . . . 7 »

REMISE DE 40 % ET TREIZIÈME

BIBLIOTHEQUE ILLUSTRÉE — FORMAT IN-4°, 3ᴱ SÉRIE

LE
CIRQUE ET LES FORAINS

PAR

HENRY FRICHET

OUVRAGE ORNÉ DE 70 GRAVURES

VÉLOCIPÉDIE ET AUTOMOBILISME

PAR

FRÉDÉRIC RÉGAMEY

OUVRAGE ORNÉ DE 73 GRAVURES

PRIX DE CHACUN DES DEUX VOLUMES CI-DESSUS :

Relié en percaline rouge, plaques spéciales, tranche dorée. . . . 5 »

. REMISE DE 33 % ET TREIZIÈME

CROQUIS
DE GRÈCE ET DE TURQUIE
1896-1897
PAR HENRI AVELOT

UN VOLUME IN-8º JÉSUS, ORNÉ DE 34 GRAVURES

PRIX :

Broché. . . . . 2 »

ROMANS ILLUSTRÉS A 3 Fr. — FORMAT IN-12

STÉPHANETTE
PAR RENÉ BAZIN

ILLUSTRATIONS DE VULLIEMIN

CŒURS NAIFS
PAR MARCEL LUGUET

ILLUSTRATIONS DE LOUISE ABBÉMA

LE ROMAN DE L'OUVRIÈRE
PAR CHARLES DE VITIS

ILLUSTRATIONS DE ZIER

VOLUMES EN PRÉPARATION

Le Bateau-des-Sorcières, par Gustave Toudouze.
La Roche-qui-tue, par Pierre Mael.
Amour d'antan, par Champol.
Sabre à la main, par Marcel Luguet.

Remise de 33 % et treizième.

FRANÇOIS DESCOSTES

LA
RÉVOLUTION FRANÇAISE

VUE DE L'ÉTRANGER

1789-1799

MALLET DU PAN

A BERNE ET A LONDRES

D'APRÈS UNE CORRESPONDANCE INÉDITE

PRÉFACE

DE M. LE MARQUIS COSTA DE BEAUREGARD

DE L'ACADÉMIE FRANÇAISE

AVEC UN PORTRAIT EN HÉLIOGRAVURE

UN VOLUME GRAND IN-8°

Prix : broché, **7 fr. 50**

REMISE DE **33 %** ET TREIZIÈME

LA REVUE MAME

JOURNAL HEBDOMADAIRE DE LA FAMILLE

PRIX DU NUMÉRO : **15** cent., *net :* **10** cent.

ABONNEMENTS : un an, **8** fr. — Six mois, **4** fr. **50** — *Étranger,* **11** fr. **50**

Remise de **1** fr. sur les abonnements d'un an. — Remise de **50** cent. sur les abonnements de six mois.

+ ＊ +

REVUE MAME

ANNÉE 1896-1897

Un magnifique volume très illustré, relié, pour cadeau d'Étrennes, en percaline, ornements or et noir

PRIX : **10** fr. — Remise **33** %

L'emboîtage seul est vendu **2** *fr.* **50**; *net,* **1** *fr.* **70**.

ALMANACH DE LA JEUNESSE

ET DE LA FAMILLE

Pour 1898

UN VOLUME IN-4º (FORMAT DE LA REVUE MAME) DE 100 PAGES

ILLUSTRÉ DE 80 GRAVURES

— ＊ —

PRIX : broché, **50** cent., remise **33** %. — Par douzaine, **40** % et **13**ᵉ.

EXPOSITION

DE LA

DOCTRINE CATHOLIQUE

PAR LES GRANDS ÉCRIVAINS FRANÇAIS

La Religion. — L'Église. — Dieu. — Jésus-Christ

TEXTES RECUEILLIS ET ANNOTÉS

PAR

LE R. P. PAUL-JOSEPH DE BUSSY, S. J.

Un volume in-8° carré de 384 pages

Prix : broché, **2 fr. 50**

REMISE DE 33 % ET TREIZIÈME

LIVRES D'OFFICES ET DE PIÉTÉ

FORMAT IN-32 ALLONGÉ — MESURANT 12 × 7

PAPIER TEINTÉ, ENCADREMENT NOIR ET ROUGE

PETITE ANNÉE LITURGIQUE

AUX PIEDS DU SAINT SACREMENT

Effusions de cœur à Jésus-Christ et à la sainte Vierge

PAR

LE R. P. LOUIS DE BUSSY, S. J.

AUTEUR DU *MOIS DE MARIE*

PRIX :

Mouton, imit. de veau, grenat, vert, hussard, monogrammes à froid, gardes chromo, tranche dorée.	1	75
La même reliure avec ornements dorés	2	10
Imitation de maroquin poli, ouaté, coins arrondis, tr. dorée .	2	25
[N° **169**] La même reliure, avec dentelle dorée tournante	2	65
Chagrin poli, grenat, vert, olive, cuivre, hussard, tr. dorée.	3	25
Maroquin ouaté, 3 couleurs, coins arrondis, tr. rouge sous or.	3	50
Maroquin du Levant, poli, tranche marbrée dorée	4	50
La même reliure avec gardes en soie	5	75

Par cent net : **25** de remise.

Pour paraître en janvier 1898 :

MISSEL DES SAINTS ANGES

Contenant les offices de tous les Dimanches et des principales fêtes de l'année.
Édition de luxe imprimée en plusieurs couleurs. Texte orné de 32 gravures d'après
les dessins de Mouchot et d'Habert Dys. 4 sujets hors texte en héliogravure.

PRIX :

Maroquin poli, charnières, tranche dorée.	5	»
[N° 37] Maroquin du Levant, tranche marbrée dorée	7	75
Même genre, avec gardes en soie	9	50

Par cent, remise de 25 cent.

UNE PAGE DE PIÉTÉ

POUR CHACUN DES JOURS DE L'ANNÉE

PAR

Mme DE BARBEREY

UN VOLUME FORMAT ALLONGÉ, MESURANT 140 × 85

PRIX :

Broché.	1	25
Toile noire, tranche rouge.	2	»
Demi-reliure, dos en mouton anglais, plats vieux peigne, tranche dorée.	2	50

Remise de 40 % et treizième.

Beaucoup de nos clients ayant manifesté le désir d'offrir en vente pour les
étrennes l'ouvrage ci-dessous, nous avons fait graver une plaque spéciale et
nous pouvons désormais livrer cet ouvrage dans un riche cartonnage percaline,
tranche dorée, sans augmentation de prix.

LA JEUNESSE DE LÉON XIII

D'APRÈS LA CORRESPONDANCE DE FAMILLE

DE CARPINETO A BÉNÉVENT

Par BOYER D'AGEN

VOLUME GRAND IN-8°, DE 900 PAGES ENVIRON, ORNÉ DE NOMBREUSES GRAVURES D'APRÈS DES PHOTOGRAPHIES

Prix : broché, 10 fr. — Remise de 33 %

Il a été tiré un certain nombre d'exemplaires sur grand papier vélin. — Prix : 20 fr.

LIVRES CLASSIQUES

DES

FRÈRES DES ÉCOLES CHRÉTIENNES

CLASSIQUES NOUVEAUX

Morceaux choisis de Littérature française (Moyen âge, Renaissance, XVIIe, XVIIIe et XIXe siècles). 3e recueil à l'usage des classes supérieures de l'enseignement secondaire moderne, in-12 . . . .   3 75

Leçons d'Agriculture et d'Horticulture (Développements. — Résumés. — Réductions. — Problèmes. — Expériences. — Excursions. — Questionnaires). Nombreuses illustrations, in-12. . . . .   2 25

Notions élémentaires d'Agriculture, in-12 . . . .   » 95

Nouveau Cours d'Histoire de France, avec de nombreuses illustrations. (Leçons et résumés. — Récits. — Cartes. — Tableaux synoptiques. — Notes lexicologiques. — Questionnaires et Devoirs de rédaction.)

    COURS MOYEN, in-12 . . . .   1 50

    COURS SUPÉRIEUR, in-12 . . . .   3 75

EN PRÉPARATION

Morceaux choisis de Littérature française. 1er recueil à l'usage des écoles primaires et des classes de 6e et 5e de l'enseignement secondaire moderne.

Morceaux choisis de Littérature française. 2e recueil à l'usage des Cours primaires supérieurs et des classes de 4e et 3e de l'enseignement secondaire moderne.

Cours de physique, conforme au programme de l'enseignement moderne.

Solutions des problèmes contenus dans les *Leçons d'Agriculture et d'Horticulture.*

Cours de Chimie, conforme au programme de l'enseignement moderne.

Histoire de l'Église, avec illustrations.

Problèmes extraits du *Cours supérieur de Géométrie.*

Manuel de Couture.

27358. — Tours, impr. Mame.

CH. ROUSSIELGUE | A. MAME ET FILS
RUE CASSETTE, 15, PARIS | RUE DES HALLES, TOURS

ÉDITEURS

DES OUVRAGES CLASSIQUES DES FRÈRES DES ÉCOLES CHRÉTIENNES

1er janvier 1897

Afin de répondre à un désir généralement exprimé, nous modifions, à partir du 1er janvier, les conditions de vente des classiques des Frères des Écoles chrétiennes comme suit :

1° Il y a maintenant un prix fort unique ;

2° Il n'y a pas de treizième ;

3° Sur toute demande de 50 volumes du même titre, ou sur toute demande de 140 fr. fort, la remise est de 25 % avec un escompte de 5 % au comptant.

4° Pour toute demande inférieure, la remise est de 20 % avec escompte de 5 % au comptant.

Le prix net avec 25 et 5 % correspond à l'ancien prix net de 50 avec 10 et 5 %.

Le catalogue ... celles, nouveaux prix, sera envoyé ...
peu de jours. Pour faciliter les demandes ...
erreurs, chaque titre est précédé d'un numéro ...
suffira d'indiquer.

Veuillez agréer, M ...   l'assurance ...
sentiments respectueux et dévoués.

SUITE DES CONDITIONS DE VENTE

Toutes nos expéditions sont remises au CHEMIN DE FER, la seule voie de transport qui existe dans notre ville. L'administration du chemin de fer faisant elle-même les lettres de voitures, toute réclamation devra lui être adressée, soit pour retard ou avarie, soit pour erreur ou changement de prix. Enfin nous entendons ne conserver aucune responsabilité pour des marchandises qui, aux termes du Code de commerce (art. 100), voyagent aux risques et périls des demandeurs, sauf le recours de ceux-ci contre les agents du transport.

Nos prix étant fixés invariablement, aucune demande faite à d'autres conditions ne sera expédiée.

Nous ne serons jamais responsables des erreurs occasionnées par des indications inexactes ou incomplètes dans les demandes.

Toutes les lettres que nous expédions sont *affranchies ;* nous porterions en compte la taxe de celles qui ne nous seraient pas adressées *franco.*

Les envois par colis postaux se multipliant énormément surtout depuis l'application du tarif de 10 *kilos,* un grand nombre d'Éditeurs ont décidé qu'une taxe uniforme de *dix centimes* serait désormais ajoutée au tarif des colis postaux, quel qu'en soit le poids, expédiés tant en France qu'à l'Étranger, pour les indemniser un peu de leurs frais de manutention, avances d'argent, etc.

Les colis postaux pour la France sont donc portés en facture dès maintenant comme suit :

	EN GARE	A DOMICILE
3 kilos, par colis	» 70	» 95
3 kilos, par colis	» 90	1 15
10 kilos, par colis	1 35	1 60